Wolfgang Thomas | Ludger Stammermann

In-Game Advertising – Werbung in Computerspielen

Wolfgang Thomas | Ludger Stammermann

In-Game Advertising – Werbung in Computerspielen

Strategien und Konzepte

Bibliografische Information Der Deutschen Nationalbibliothek
Die Deutsche Nationalbibliothek verzeichnet diese Publikation in der
Deutschen Nationalbibliografie; detaillierte bibliografische Daten sind im Internet über
<http://dnb.d-nb.de> abrufbar.

1. Auflage 2007

Alle Rechte vorbehalten
© Betriebswirtschaftlicher Verlag Dr. Th. Gabler | GWV Fachverlage GmbH, Wiesbaden 2007

Lektorat: Barbara Möller

Der Gabler Verlag ist ein Unternehmen von Springer Science+Business Media.
www.gabler.de

Umschlagmotiv: Screenshot aus „Tycoon City New York", Quelle: Atari Deutschland
Umschlaggestaltung: Nina Faber de.sign, Wiesbaden
Druck und buchbinderische Verarbeitung: Wilhelm & Adam, Heusenstamm
Gedruckt auf säurefreiem und chlorfrei gebleichtem Papier
Printed in Germany

ISBN 978-3-8349-0702-8

Vorwort

Es ist eine neue Welt, die sich Marketingentscheidern und Mediaplanern seit einigen Monaten auftut neben den vertrauten klassischen Werbeträgern Print, TV, Radio und Plakat und den für viele immer noch fremden, aber mittlerweile auch schon über zehn Jahre kommerziell relevanten Online-Medien. Es sind virtuelle Welten, in denen die altvertraute Zielgruppe plötzlich in Formel-1-Boliden den Rundenrekorden in Monza nachjagt, statt die Vorberichterstattung zum Rennen im Fernsehen zu verfolgen. Es sind virtuelle Welten, in denen ganz normale Verbraucher ihre Maus- oder Joystick-gesteuerten Helden gegen Terroristen ins Feld führen, anstatt den neuesten Action-Reißer im Kino zu sehen oder sich aus der Videothek zu besorgen. Es sind virtuelle Welten, die bei einem gemütlichen Abend mit Freunden auch die eigene Kreativität fordern, wenn jeder einmal Kylie Minogue oder Madonna-Songs bei einem Karaoke-Spiel wie „SingStar" zum Besten gibt. Und es sind virtuelle Welten, die einen überzeugten Passiv-Sportler vom Grundlinienduell wegzappen lassen zu einem Tennismatch mit der neuen *Wii*-Konsole gegen die ebenso ehrgeizige Ehefrau.

Computer- und Videospiele sind fester Bestandteil der Alltagskultur, vor allem bei jüngeren Zielgruppen unter 40 Jahre. Die heute 40-Jährigen saßen 1983 als Jugendliche stundenlang vor ihrem Commodore C64 und tauschten mit Freunden die in Basic programmierten Spiele über Datasette oder die ersten Floppy-Disk-Laufwerke. Oder sie fühlten sich an Münzautomaten wie dem *Space Invader* wie Luke Skywalker aus Star Wars. Zehn Jahre später wurde der 486er PC im Studium neben der Diplomarbeit auch für *Wing Commander*, *Leisure Suit-Larry* oder *SimCity* genutzt. Wiederum fünf Jahre später entspannt sich der junge Berufstätige beim Spielen mit Freunden auf der PlayStation. Mit einer solchen Historie als Spieler reagiert diese Generation jetzt als Eltern völlig anders auf den Wunsch der Kinder nach einem Gameboy oder eine Spielekonsole: Während Väter früher die Modelleisenbahn mehr für sich als für die Kinder kauften, stehen sie heute oft mit leuchtenden Augen vor der *Xbox 360* und geben dem Wunsch der Sprösslinge nur zu gerne nach.

Der Wechsel in den Mediennutzungsgewohnheiten hin zu interaktiven Medien wie dem Internet und auch den Computer- und Videospielen vollzieht sich seit Jahren, allerdings kaum bemerkt und sehr leise. Die Bevölkerungsstruktur mit den starken Jahrgängen bei den über 40-Jährigen verdeckt die Reichweitenerosion der klassischen Medien. Der extensive Fernsehkonsum der über 60-Jährigen und die damit verbundenen Quoten sorgen für Reichweitenzuwächse, während jüngere Zielgruppen klar unterdurchschnittlich TV konsumieren. Und auch das Abonnement einer regionalen Tageszeitung ist für die „Generation C64" und die Jüngeren nicht mehr so selbstverständlich, wie es noch für ihre Eltern war.

Wie erreicht man also die jüngeren Zielgruppen? Wie kann ein Werbungtreibender sie für seine Marke rechtzeitig begeistern, um sie langfristig an sich zu binden? Gibt es Alternativen zu den stark umkämpften und entsprechend teuren klassischen Werbeträgern, die diese Zielgruppen noch erreichen? Naturgemäß fällt bei diesen Fragen der Blick auf den hohen Anteil der Computer- und Videospiele am Medienkonsum. Hier entwickeln sich derzeit Werbeformate, technische Plattformen und Planungskonzepte, die eine Berücksichtigung im Mediamix erstmals möglich machen.

Mit dem vorliegenden Buch möchten wir Marketing- und Mediaentscheidern einen Überblick über die Möglichkeiten im In-Game Advertising, der Werbung in Computerspielen, verschaffen. Anders als die klassischen Medien und auch das Online-Marketing steht diese Werbeform noch am Anfang. Wir möchten dem Leser die wichtigsten Akteure in diesem sich gerade formierenden Markt vorstellen, die Unterschiede zwischen den Angeboten erläutern und anhand von einigen Beispielen die zentralen Erfolgsfaktoren herausarbeiten. Neben der Auswertung der wichtigsten aktuellen Studien zu diesem Thema werden wir hierbei auch die Ergebnisse einer eigenen Umfrage unter mehr als 100 Marketingentscheidern aus dem Juni 2007 zitieren. Aktuelle Entwicklungen finden Sie auch auf der Website zum Buch unter www.in-game-advertising.de.

Die Autoren danken vor allem folgenden Personen für ihre tatkräftige Unterstützung bei der Entstehung des Buches: Lutz Anderie von Atari Deutschland, Lars Diedrich und Bengt Feil von Boogie Medien, Dino Bongartz von JoGo-Media, David Miller von DoubleFusion, Alison Lange und Natacha Najoan von Massive Inc, Rechtsanwalt Michael Rippe von der Kanzlei Dr. Vortmann & Rippe, André Sonder und Caspar von Gwinner von IGA Worldwide, Dietrich Zastrow von TBWA Hamburg. Unser Dank gilt auch Barbara Möller, Maria Akhavan und Ralf Birkelbach vom Gabler Verlag sowie Christian Hoffmann, der uns erst zu einem Autorenteam gemacht hat. Ein besonderes Dankeschön geht natürlich auch an die 105 befragten Experten, die uns im Rahmen unserer Online-Befragung mit ihrer Einschätzung weitergeholfen haben.

Vor allem danken wir aber Daniela, Wiebke, Hannah und Eric für ihre unendliche Geduld und ihre moralische Unterstützung bei der Realisierung dieses Buches.

Hamburg und Cloppenburg im Juli 2007

Wolfgang Thomas und Ludger Stammermann

Inhaltsverzeichnis

Grundlagen

In den folgenden drei Kapiteln beschäftigen wir uns mit den Grundlagen der bestehenden Voraussetzungen, die Werbung in Computer- und Videospielen erst möglich machen. Eine Beschreibung des aktuellen und zukünftigen Marktes für In-Game Advertising inklusive einer Definition für Marketing- und Mediastrategie beinhaltet das Kapitel 1. Im anschließenden zweiten Kapitel werden Studien und Beschreibungen zu den Zielgruppen von Computer- und Videospielen vorgestellt sowie nationale und internationale Nutzungen aufgezeigt. Darauf aufbauend erläutern wir im Kapitel 3 in einer historischen Betrachtung, wie im Laufe der letzten 30 Jahre die massenhafte Verbreitung von Games und der notwendigen Hardware international vonstatten ging und welche begleitenden Entwicklungen dies möglich machten.

1. Der Markt für In-Game Advertising

1.1 Definition und Abgrenzung zu anderen Instrumenten im interaktiven Marketing

Unter In-Game Advertising fassen wir zunächst ganz allgemein die Platzierung von werblichen Botschaften in oder über Computer- und Videospiele zusammen. Hiermit wird es dem Werbetreibenden ermöglicht, seine Botschaften über statische Bilder, Videos und/oder Sounds zu vermitteln oder gar den Nutzer mit virtuellen Nachbildungen seiner Produkte interagieren zu lassen. Systematisch gehört In-Game Advertising damit im Marketing-Mix zu den Kommunikationsinstrumenten. Eine klare Einordnung zur klassischen Werbung, zum Sponsoring oder auch zum Instrumentarium der Public Relations fällt dagegen schwer. Bei Online-Spielen ist sogar der Einsatz als Direktmarketing-Instrument denkbar. Welche Ausprägung In-Game Advertising im konkreten Fall hat, wird maßgeblich von den verfolgten Kommunikationszielen und den damit gewählten Maßnahmen abhängen. So wurden sicher viele Second-Life-Präsenzen Ende 2006 primär wegen des PR-Effektes initiiert, während z. B. Bandenwerbung in einem Auto-Rennspiel eher in Richtung Branding und damit der klassischen Werbung gerichtet ist.

Konstituierendes Element des In-Game Advertising sind also die Computer- und Videospiele als Werbeträger, wobei diese Differenzierung auch eher technischer und weniger inhaltlicher Natur ist. Der Branchenverband G.A.M.E. definierte den Begriff der Computer- und Videospiele wie folgt:

„Computer- und Videospiele umfassen alle interaktiven, non-linearen Medien, die mit Hilfe audiovisueller Wiedergabe das Spielen ermöglichen oder Spiel zu Lernzwecken einsetzen. Dabei sind Trägermedium, Wiedergabesystem oder Übertragungsweg unwesentlich. Spiel ist eine freiwillige Beschäftigung von Einzelnen oder Gruppen, welche durch mindestens folgende Eigenschaften definiert ist:

■ Interaktion zwischen Spiel und Medium/zwischen den Spielern,

■ die Existenz eines Spielfeldes/Spielbereiches und

■ das Vorhandensein von Spielregeln." [1]

Während Videospiele auf speziellen Geräten wie Spielekonsolen und Handhelds wie dem Gameboy gespielt werden, dient bei den Computerspielen der ansonsten zur Büroarbeit genutzte Personal Computer (PC) als Hardware-Plattform. Der typische Homecomputer steht im Arbeitszimmer, dagegen sind Spielekonsolen meist an den Fernseher im Wohnzimmer angeschlossen. Ein weiteres Differenzierungsmerkmal war lange Zeit die Steuerungsmethode, wobei Konsolen über spezielle Gamepads und Computer über Tastatur und Maus gesteuert werden. Diese Grenzen zwischen Computer- und Videospielen verwischen sich in den letzten Jahren immer mehr, was gleich mehrere Ursachen hat:

■ Da die Entwicklungskosten der Spiele immer höher werden, sind die Hersteller an einer möglichst breiten Hardwarebasis zur Refinanzierung interessiert, es werden also neue Spiele oft in Varianten für Konsole und PC angeboten.

■ PCs werden im Bereich der Grafikleistung immer besser und können den hierauf spezialisierten Konsolen schon oft das Wasser reichen. Im Gegenzug bekommen Konsolen immer häufiger auch PC-Funktionen wie einen Online-Anschluss oder auch eine Tastatur.

■ PCs halten als Home-Entertainment-Center immer mehr auch im Wohnzimmer Einzug und werden dort als „Auch-Spielkonsole" ebenfalls mit Joystick, Gamepad oder gar Lenkrad gesteuert, wenn es das Spiel erfordert.

Um dieser Konvergenz zwischen Computer- und Videospielen Rechnung zu tragen, werden wir den in der Spielebranche üblichen Sammelbegriff „Games" für beide Teilgattungen nutzen. Soweit sich Unterschiede für die Nutzung als Werbeträger ergeben, werden wir darauf hinweisen.

Marken tauchen schon seit weit über zehn Jahren in Computer- und Videospielen auf. Allein schon um einen möglichst großen Realismus der virtuellen Welten zu erzeugen, bemühten sich die Games-Publisher schon früh um eine lizenzierte Verwendung von z. B. Automarken wie Ferrari und Porsche bei Rennspielen wie „Need for Speed" oder in Formel-1-Simulationen. Aber erst seit etwa zwei Jahren werden Games als Werbeträger vermehrt diskutiert.

Interessant ist in diesem Zusammenhang vor allem ein Vergleich mit dem aktuell boomenden Online-Advertising, der Werbung im Internet. Das Internet wurde bereits in einem sehr frühen Stadium Mitte der 90er Jahre als Werbeträger gesehen. Entsprechend hohe Erwartungen wurden an die Erlöspotenziale geknüpft; vor allem wegen der zunächst noch sehr beschränkten technischen Reichweite, der hohen Kosten für Online-Kommunikation und auch aufgrund eklatanter Unkenntnis des Marktes seitens der Finanzinvestoren und -analysten platzte die Spekulationsblase jedoch 2000 und 2001. Gerade diese Erfahrung führte bei vielen Agenturen und Werbetreibenden dazu, dass sie von nun an neuen Trends in der digitalen Werbung mit Vorsicht gegenüber traten. Die etablierten großen Marken überließen das Online-Marketing in der Phase von 2002 bis etwa 2004 vor allem den neuen Online-Marken wie Amazon, Ebay und Dell.

2005 und 2006 waren dann für viele bislang online-abstinente Werber und Medien die Jahre des Erwachens. Fast schon panisch wurden nun Unternehmens- und Marken-Websites überarbeitet, und es wurde intern und extern nach kompetenten Mitarbeitern gesucht, die sich in den schönen neuen Online-Welten auskennen. Durchaus zu Recht, denn mit weit über 30 Millionen Nutzern in Deutschland hatte sich das Internet zum Massenmedium entwickelt. Mit der wachsenden Verbreitung von Breitbandanschlüssen wie der DSL-Technologie stieg nicht nur die tägliche Nutzungsdauer im lange Zeit mit „Welt-Weit-Warten" verspotteten Netz. Auch die Anzahl der pro Stunde abgerufenen HTML-Seiten und damit auch der darin enthaltenen Werbung stieg sprunghaft an. In der Summe werden immer mehr Nutzer einer stetig wachsenden Menge an Werbebotschaften im Internet ausgesetzt. Das Platzen der Online-Blase also war ein reines Anbieter-Phänomen und hatte auf die Attraktivität des Mediums für die Verbraucher keine nachhaltig negativen Auswirkungen. So entkoppelte sich der Anteil von Online-Werbung am Werbebudget komplett vom Anteil des Internets an der Mediennutzung und auch vom Angebotsvolumen. Und diese Schere schließt sich nur sehr langsam.

Es war wohl eine Mischung aus Unkenntnis, Panik und Faszination, die zum Run auf virtuelle Welten wie Second Life führte. Hatte man Web 1.0 eigentlich noch nicht verstanden, so meinten viele Werber, man könne ja Web 2.0 gleich überspringen, um dann nicht das kommende Web 3.0 zu verschlafen. Die Enttäuschung kam dann im Frühjahr 2007, als den Anbietern langsam dämmerte, dass Second Life zumindest in Deutschland noch weitgehend unter Ausschluss der Öffentlichkeit stattfindet. Der vermeintliche Anstieg der Nutzerzahlen führte nicht zu einer regelmäßigen Nutzung dieses Metaversums. Ein wenig Recherche hätte wohl die Tatsache ans Licht gebracht, dass es allein für die Spieleserie „Die Sims" in Deutschland weit mehr Nutzer gibt als für Second Life. Schließlich wurden laut Sims-Hersteller Electronic Arts bis Anfang 2007 weltweit über 85 Millionen Exemplare verkauft. [2]

Und so schließt sich die Analogie zum Online-Marketing: Auf der einen Seite ist Vorsicht geboten vor einer zu euphorischen Bewertung der Möglichkeiten, mit In-Game Advertising schnell große Beträge zu verdienen. Auf der anderen Seite scheint man die tatsächlichen Veränderungen im Mediennutzungsverhalten mittelfristig eher zu unterschätzen. Games sind kein wirklich neues Medium, sondern ein für Millionen Nutzer selbstverständlicher Bestandteil ihres alltäglichen Lebens. Und dies war im Jahr 2000 das Internet bei allem Wohlwollen noch nicht. Erst die Verbreitung schnellerer DSL-Verbindungen machte aus dem Web ein echtes Alltagsmedium.

Die Erschließung von Games als Werbemedium vollzieht sich insofern anders als im Web: Die Nutzung ist bereits da, und die in Kapitel 2 näher differenzierten Zielgruppen sind für viele Marken ausgesprochen attraktiv. Allein eine Technik, Werbung effizient in Spiele einzubinden, fehlte bislang. Die extrem langen Vorlaufzeiten und die weltweit einheitliche Produktvermarktung erschwerten einen Einsatz als strategisches Medium. Und da eine Aktualisierung der Botschaften und Produkte bei klassischen Offline-Games nicht ohne weiteres vorgesehen war, verbot sich der Einsatz als taktisches Instrument ohnehin.

Selbst wenn dynamisches In-Game Advertising nun technisch möglich ist, so wird sich die Interaktion des Nutzers wohl in den meisten Fällen weiter auf das eigentliche Spielgeschehen konzentrieren und nicht auf den Werbetreibenden übertragen lassen. Dass ein Spieler mit seinem virtuellen Actionhelden mal kurz ein auf dem Weg liegendes Reisebüro ansteuert, um dort ganz spontan seine „echte" Urlaubsreise mit seiner Freundin zu buchen, wäre zwar technisch denkbar, ist aber eher unwahrscheinlich. Das interaktive Direktmarketing, also die Steuerung und konsequente Optimierung einer Online-Kampagne auf gewünschte Reaktionen des Nutzers wie einen Kauf, die Gewinnung einer Adresse oder auch nur Klicks sind ein großer Vorteil des Internets. Gamer warten mit einem zum Online-Nutzer ähnlichen Aufmerksamkeits- und Aktivierungsgrad auf, der sich aber primär auf die Spielhandlung richtet. Allein in Metaversen wie Second Life oder eben den Sims sind reale Kaufhandlungen vorstellbar, in den meisten anderen Spielen wird die Aktualisierung von Marken im Vordergrund stehen.

Ein dritter wichtiger Unterschied zur Online-Werbung scheint die Akzeptanz von Werbung in Games zu sein. Die von Vermarktern wie Massive Inc. oder IGA Worldwide gern zitierten Umfragen unter Gamern ergeben, dass die Präsenz realer Marken zur Steigerung des Realitätsgrades durchaus erwünscht ist und nicht als störend empfunden wird. Auch wenn die Werbeakzeptanz im Internet letztlich immer noch höher ist als beispielsweise bei Fernsehwerbung, so stoßen bestimmte Online-Werbeformen wie Pop-ups doch auf klare Ablehnung und werden von Nutzern durch Blocker unterdrückt. Unterbrechungswerbung in Games dürfte kaum populärer sein. Die hohen Akzeptanzraten für In-Game Advertising könnten auch mit der noch relativ geringen Verbreitung zusammenhängen. Hinzu kommt, dass Gamer für ihre Spiele einen Preis von 20 bis 50 Euro, bisweilen sogar mehr zahlen. Hier wird es darauf ankommen, intelligente Modelle zu entwickeln, bei denen der Spieler z. B. bestimmte Features oder Level gratis oder günstiger erhält, die dann aber mit Produkten oder Werbung eines Herstellers verknüpft sind. Oder aber der Nutzer profitiert durch geringere Verkaufspreise von der partiellen Refinanzierung der immensen Entwicklungskosten durch Werbung.

Wichtig für die Planung: Abgrenzung zur Online-Werbung

Werbetreibende und Mediaplaner tun gut daran, In-Game Advertising nicht als eine weitere Spielart der Online-Werbung zu sehen, auch wenn es viele Parallelen gibt. Games als Werbeträger werden ihre eigenen Gesetze entwickeln und haben auch gänzlich andere Stärken als das Internet.

1.2 Einschätzung des Marktpotenzials für In-Game Advertising

Wer die erste Boom-Zeit des Internets Ende der 90er Jahre erlebt hat, erinnert sich sicher noch an regelmäßig nach oben korrigierte Prognosen von Firmen wie *Jupiter Communications* zum Potenzial von Online-Werbung. Ein großer Teil des prognostizierten Wachstums wurde mittlerweile Realität, allerdings mit einigen Jahren Verzögerung. Es scheint in der Natur solcher Prognosen zu liegen, dass Veränderungen oft kurzfristig über-, aber mittelfristig eher unterschätzt werden. Zudem muss erneut erinnert werden, dass Games an sich kein neues Medium sind, sondern mit über 12 Millionen Gamern in Deutschland ein Alltagsphänomen sind, wie in Kapitel 2.1.2 noch näher ausgeführt wird. Nur die Nutzbarkeit für Werbung in diesem Kontext ist wirklich neu.

Vor diesem Hintergrund sind auch die verschiedenen konkurrierenden Studien zur Prognose des Marktpotenzials für In-Game Advertising zu sehen. Am häufigsten zitiert wird die *Yankee-Group* aus Boston. Das US-Marktforschungsunternehmen legte im April 2006 eine Studie vor, derzufolge der Werbemarkt für In-Game Advertising auf internationaler Ebene bis zum Jahr 2010 auf 732,5 Millionen Dollar exponentiell anwachsen wird.

Ursache hierfür sei vor allem das veränderte Mediennutzungsverhalten der Kernzielgruppe der Männer zwischen 18 und 34 Jahren. Während der durchschnittliche TV-Konsum um 12 Prozent sinken wird, prognostiziert diese Studie einen Anstieg bei den Computer- und Videospielen um 20 Prozent. Damit würden dann in der wöchentlichen Mediennutzung die Spiele mit 12,5 Stunden deutlich vor dem Fernsehen mit 9,8 Stunden liegen. Um die Zielgruppe der jüngeren Männer nach wie vor ausreichend zu erreichen, sieht die Yankee-Group einen klaren Trend zum In-Game Advertising und damit eine Verschiebung von Werbebudgets. Als dominante Player der Zukunft sieht das Forschungsinstitut vor allem *Microsoft*, *Electronic Arts* und *Sony* (www.yankeegroup.com).

Eine überarbeitete Prognose legte die Yankee-Group dann im Juli 2007 vor. Die Studie beziffert das weltweite Marktvolumen für In-Game Advertising auf 77,7 Millionen US-Dollar. Für 2011 wird ein weltweiter Markt für statisches und dynamisches In-Game Advertising sowie für Product Placement mit einem Volumen von 971,3 Millionen US-Dollar prognostiziert. Dabei wird sich die Zahl der Spiele mit integrierter Werbung bis 2008 jährlich verdoppeln. Wachstumsmotor für dynamisches In-Game Advertising werden in den nächsten Jahren die PC-Games bleiben. Michael Goodman, Director of Digital Entertainment der Yankee-Group, erklärt das exponentielle Wachstum wie folgt: „Die zunehmend ubiquitäre Vernetzung treibt weiter den Medien-Transformationsprozess mit einer weiteren Fragmentierung voran. Damit wird Werbung in den klassischen Mediakanälen weniger effektiv. Werbetreibende finden Investitionen in In-Game Advertising zunehmend werthaltiger durch die Vielfalt der Möglichkeiten in Games und deren Umfeld. Videospiele gehören zu den Above-the-Line-Maßnahmen, das heißt, Games sollten zum Brand Building genutzt werden und nicht durch einen „Call for Action" die Spieler ablenken."

Im April 2007 erschien die Studie „Video Game Advertising – Getting to the Next Level" des auf E-Business und Online-Marketing spezialisierten Marktforschungsunternehmens *eMarketer* (www.emarketer.com) aus New York. Auch diese Studie geht von einem massiven Wachstum des In-Game Advertising innerhalb der nächsten fünf Jahre aus. Ausgehend von weltweiten Ausgaben bei Werbung in Games von 692 Millionen US-Dollar in 2006 wird ein Wachstum auf 1.938 Millionen US-Dollar im Jahr 2011 prognostiziert. Diese Zahlen beinhalten sowohl statische als auch dynamische Einbindungsformen, jedoch noch keine mobile Games für Handys oder

PDAs. Für 2007 wird im US-Markt ein Anstieg von 45 Prozent erwartet von 346 Millionen US-Dollar zu 502 Millionen US-Dollar, ein absolutes Plus von 158 Millionen US-Dollar. Der US-Markt wird derzeit also bei ziemlich genau 50 Prozent vom Weltmarkt für In-Game Advertising gesehen. Hauptwachstumstreiber für den Markt sei die immense Reichweite von Games insgesamt, wohingegen die technische Inkompatibilität zwischen den Plattformen und Anbietern sowie die fehlenden Standards noch das Wachstum hemmen.

Zum Vergleich der Dimensionen lohnt ein Blick auf den Online-Werbemarkt der USA: Hier wurde laut *Internet Advertising Bureau* (IAB) in 2006 die Rekordsumme von 16,8 Milliarden US-Dollar investiert, eine Wachstumsrate von immer noch 34 Prozent gegenüber dem Vorjahr. Die oben genannten 346 Millionen US-Dollar für Werbung in Spielen machen also aktuell gerade mal 2 Prozent dieser Summe aus. Bei diesem Vergleich muss allerdings auch berücksichtigt werden, dass der US-Markt für Online-Werbung schon wesentlich weiter entwickelt ist als etwa der bundesdeutsche Markt: Der Anteil der Online-Werbung an den Gesamt-Spendings liegt derzeit bei knapp unter 20 Prozent, während der Online-Anteil in Deutschland je nach Studie in einer Größenordnung von nur 6 bis 8 Prozent liegt.

Eine weitere Prognose zur Entwicklung von Werbung in Computerspielen legten im Juni 2007 die Marktforscher von *Parks Associates* (www.parksassociates.com) aus Dallas vor. Ihr Report „Electronic Gaming in the Digital Home: Game Advertising" sieht die Spendings für In-Game Advertising im Jahr 2012 allein im US-Markt bei über 2 Milliarden US-Dollar. Gemessen an den durchschnittlichen Werbeausgaben pro Haushalt wurden in 2006 nur 50 Cents für Werbung in Computerspielen ausgegeben, aber 37 Dollar für TV-Werbung. Dieses Verhältnis bildet nicht entfernt die Nutzungszeit von Games und TV ab.

Die wesentlich optimistischere Prognose von Parks im Vergleich zu eMarketer lässt sich durch die Struktur der prognostizierten Ausgaben sowie die inhaltliche Abdeckung der Studie erklären: Parks sieht in 2012 ein Volumen von 805 Millionen US-Dollar für statisches, dynamisches und mobiles In-Game Advertising sowie für die Gruppe der Casual-Games. Hinzu kommen weitere 1.246 Millionen Dollar für Werbung im Umfeld von Spielen wie grafische Werbung auf Spiele-Portalen, Adgames, Marketing in virtuellen Welten (wie z. B. Second Life), Games-Wettkämpfe/E-Sports, Sponsoring von Game-Sessions und weitere Spezialformen. Eine Erläuterung dieser Varianten der Werbung in Computerspielen folgt in Kapital 4 dieses Buches. Interessant ist auch die Entwicklung des In-Game Advertising: In dieser engeren Definition wird für den US-Markt ein Volumen von nur 55 Millionen Dollar in 2006 gesehen, das aber bis 2012 auf 805 Millionen Dollar anwachsen soll. Im gleichen Zeitraum soll das dynamische In-Game Advertising im Anteil von derzeit 27 auf 84 Prozent hochschnellen. „Dynamisches In-Game Advertising (DIGA) bietet mehrere einzigartige Vorteile wie Aktualität, Skalierbarkeit, Messbarkeit und Flexibilität", meint Parks-Studienleiter Michael Cai, aber auch: „Die Branche wird noch verschiedene Herausforderungen meistern müssen wie mangelnde Wirtschaftlichkeit, fehlende Branchenstandards und Fragmentierung der Angebote."

Stellvertretend für die Publisher haben wir den *Atari*-Deutschland Geschäftsführer Lutz Anderie nach seiner Einschätzung der Rolle des In-Game Advertising im Marketing-Mix gefragt. Er geht fest davon aus, dass sich Werbung in Computerspielen in fünf Jahren nachhaltig als effiziente Werbeform etabliert haben wird.

„Noch vor wenigen Jahren zahlten Entwickler von Computerspielen dafür, dass bekannte Marken in ihre Spiele eingebunden werden durften. Diese Marktposition hat sich mittlerweile umgekehrt, da durch In-Game Advertising eine attraktive, konsumorientierte und finanzkräftige Zielgruppe angesprochen wird, die Werbebotschaften mit einem positiven emotionalen Erlebnis und einem hohen Medien-Involvement verbindet. Ein Großteil der Spieler steht In-Game Advertising positiv gegenüber, wenn der realistische Eindruck des Spiels erhöht wird.

Zeitgleich werden an das Marketing neue Herausforderungen gestellt – Zeitbudgets sind limitiert und deshalb ist Convenience und Simplicity gefordert. Die Differenzierung der Produkte hat abgenommen und infolgedessen ist es zu einer reduzierten Markenloyalität gekommen. Die Preissensibilisierung der Konsumenten hat sich enorm erhöht und somit die Akzeptanz von Handelsmarken gefördert. Jedoch hat sich die Erwartungshaltung gegenüber dem Service und der Qualität erhöht. Zu diesem Wandel des Konsumentenverhaltens trug auch die wachsende Bedeutung des Internets und digitaler Tools bei.

Nicht nur das Konsumentenverhalten befindet sich im Wandel, sondern auch der Marketingmix. Dieser muss sich deshalb mit neuen Problemstellungen und Herausforderungen auseinandersetzen. Dazu gehört unter anderem, dass Bausteine des Kommunikationsmix, wie zum Beispiel die TV-Werbung, ihre frühere Effizienz verloren haben und dass Sales Promotions nicht zu den gewünschten Resultaten führen. Erschwerend kommen die hohe Floprate bei Produktneueinführungen und geringe Response-Raten bei Direktmarketing-Mailings hinzu. Auch die Massenmarktkommunikation unterliegt einem ständigen Wandel. Viral Marketing, Micropages, Community Management, Mobile Marketing etc. sind Kommunikationstools, die erst in den vergangenen Jahren entwickelt wurden. Die Bedeutung von In-Game Advertising ist ein aktueller Trend, der für den Marketingmix innovative Möglichkeiten bietet. Für die werbungtreibende Industrie eröffnet sich die Option, Zielgruppen mit minimierten Streuverlusten bei gleichzeitig hoher Akzeptanz des Mediums zu erreichen." Damit unterstreicht Lutz Anderie die Potenziale der Werbung in Computerspielen.

Noch positiver beurteilt der auf In-Game Advertising spezialisierte Werbevermarkter *IGA Worldwide* die Wachstumsaussichten. Hier geht man von einem jährlichen Wachstum von 40 bis 50 Prozent pro Jahr aus. Bis 2010 erwartet man einen Branchenumsatz in Höhe von 1,3 Mrd. Dollar, also ziemlich genau das Doppelte der Yankee-Group-Einschätzung. [3] Mitch Davis, ehemaliger CEO von *Massive Inc.* prognostizierte im April 2006 sogar ein Marktpotenzial von zwei Milliarden Dollar allein in den USA bis zum Ende des Jahrzehnts. [4]

Einschätzung des Marktpotenzials

Weltweit wird Werbung in Computer- und Videospielen und in deren Umfeld nach Expertenmeinung bis etwa zum Jahr 2012 ein Marktpotenzial von ein bis zwei Milliarden US-Dollar erreichen.

Zusammenfassend sehen alle aktuellen Studien und befragten Experten ein weltweites Marktpotenzial in einer Größenordnung von ein bis zwei Milliarden Dollar innerhalb der nächsten vier bis fünf Jahre. Gleichzeitig liegt das derzeitige Marktvolumen je nach Definition auf einer Bandbreite von 50 bis über 600 Millionen US-Dollar, was vor allem mit der Einbeziehung von Online-Werbeumfeldern mit Spielbezug und virtuellen Welten wie Second Life zu erklären ist. Insgesamt ist Werbung in Computerspielen übereinstimmend in allen Studien die derzeit am schnellsten wachsende Werbeform, deren Marktvolumen sich in einem überschaubaren Zeitraum verdreifachen bis verzehnfachen wird. Da die Mediennutzung durch die Endverbraucher bereits gegeben ist und „nur" noch für Werbung erschlossen und kapitalisiert werden muss, können diese Szenarien als deutlich realistischer gelten als die Prognosen Mitte der 90er Jahre zur Online-Werbung, die zwar eingetroffen sind, allerdings mit mehreren Jahren Verzögerung.

1.3 Marktstruktur und Player im Markt für In-Game Advertising

Der für die breite Öffentlichkeit sicher prominenteste Teil der Branche sind die Hardware-Hersteller. Weltmarken wie *Sony* mit der PlayStation, *Microsoft* mit der XBOX oder auch *Nintendo* mit Gamecube und Gameboy investieren seit Jahren Millionenbudgets im Kampf um Marktanteile. Selbst für einen Unterhaltungselektronik-Riesen wie Sony ist eine erfolgreiche Markteinführung der nächsten Geräte-Generation essentiell. Verzögerungen bei der Markteinführung haben das Gesamtergebnis des Konzerns in 2006 so stark beeinträchtigt, dass selbst das gut laufende Geschäft mit Flatscreen-TVs im letzten Geschäftsjahr (bis zum 30. März 2007) den Verlust von 1,9 Mrd. US-Dollar nicht ausgleichen konnte und für einen Gewinn-rückgang von 68 Prozent sorgte. [5]

Die Bedeutung zeigen auch die Absatzzahlen: Von der erfolgreichen Sony PlaySta-tion 2 wurden weltweit 115 Millionen Exemplare abgesetzt. Microsoft verkaufte von der aktuellen XBOX 360 seit Ende 2005 immerhin schon 11,6 Millionen Einheiten. [6]

Diese Spielekonsolen sind mittlerweile technisch hochgezüchtete Home-Entertain-ment-Maschinen mit einer gewaltigen Prozessorleistung, die für die immer aufwen-digere drei-dimensionale Grafik der Spiele erforderlich wird. Gleichzeitig werden die Konsolen durch weitere Features wie Online-Zugang und Medienlaufwerke für DVD oder Blue-ray-Disks auch für andere Anwendungen nutzbar als „nur Spielen".

Die Marktanteile der verschiedenen, hinsichtlich der Spiele-Software nicht mitein-ander kompatiblen Systeme ändern sich mit jeder Gerätegeneration. So schien Nin-tendo in den letzten Jahren den Anschluss an die Marktführer Sony und Microsoft verloren zu haben. Dank des neuen Bedienkonzeptes der Wii und der portablen Nin-tendo DS hatte Nintendo Ende 2006 und Anfang 2007 die Nase vorn.

Plattform	Millionen Units
Nintendo DS	8,78
XBOX360	4,40
PlayStation2	4,11
Wii	3,19
PlayStation3	1,84
PlayStation Portable	1,76

Quelle: Gamesmarkt vom 2. Februar 2007
Tabelle 1: *Hardwareauslieferung von Videospielkonsolen weltweit im IV. Quartal 2006*

In Deutschland sind Personal Computer als Plattform für Computerspiele allerdings noch wichtiger als die reinen Spielekonsolen. Dabei sind die stetig wachsenden Hardware-Anforderungen der Spiele ein wichtiger Innovationsmotor für den PC-Markt. Nüchtern betrachtet bewältigt selbst ein zehn Jahre alter Personal Computer die typischen Büroanwendungen wie Textverarbeitung und Tabellenkalkulationen spielend. Wäre hier nicht der stetig wachsende Ressourcen-Hunger der Betriebssys-teme, würde in deutschen Privathaushalten wahrscheinlich nicht alle drei bis fünf Jahre die Computer-Hardware aktualisiert.

Personal Computer sind vor allem wegen ihrer hohen Verbreitung in Privathaushalten als Plattform für Computerspiele so interessant. Die Statistikbehörde EuroStat berechnete, dass in Deutschland im Jahr 2006 erstmals in mehr als drei Vierteln aller Haushalte ein PC zur Verfügung stand. Die 77 % in Deutschland liegen damit zwar noch ein Stück hinter dem europäischen Spitzenreiter Dänemark (85 %), aber auch ein gutes Stück vor Großbritannien (71 %) und dem EU-Schnitt von 62 %. [7]

Schaut man nun die gängigen Markt-/Media-Studien wie die „Typologie der Wünsche" von Burda (im Folgenden kurz TdW genannt), so lassen sich auch die Schnittmengen bei der Verbreitung von reinen Gaming-Plattformen (stationäre und tragbare Spielkonsolen wie PlayStation und Gameboy) mit den Personal Computern ermitteln. Diese Studie mit immerhin über 19 000 repräsentativ ausgewählten Befragten über 14 Jahre ergibt, dass 37 Millionen oder 57 % aller erwachsenen Deutschen über einen PC oder ein Notebook verfügen. Immerhin 11,3 Millionen User verfügen über Spielezubehör für ihren PC wie Joysticks, Gamepad oder auch Lenkräder, sowie 16 % über eine stationäre Spielekonsole (10,5 Millionen User). Die Schnittmenge von PC und Konsole beträgt immerhin 9,4 Millionen User, das heißt, fast 90 % der Videokonsolen-Besitzer haben auch einen PC. Die häufig genannte Zahl von 12 Millionen Gamern in Deutschland wirkt angesichts dieser Hardware-Verbreitung eher konservativ (vgl. Kapitel 2). Das technische Potenzial für die Verbreitung von Spielen ist enorm, bedenkt man zudem, dass hier die im Büro genutzten Computer noch nicht erfasst sind, obwohl diese seit den Zeiten von „Moorhuhn" und „Leisure Suit Larry" durchaus gängige, wenn auch bei Chefs und Systemadministratoren sehr ungern gesehene Spieleumfelder sind.

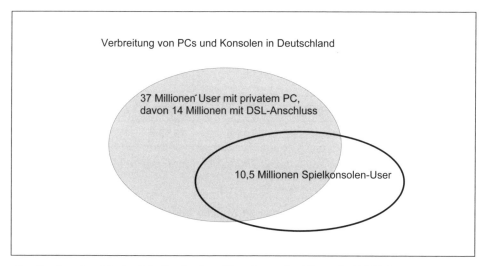

Quelle: Burdas Markt-/Media-Studie „Typologie der Wünsche" 2006
Abbildung 1: *Verbreitung der Spiele-Hardware-Plattformen in Deutschland*

Für Online-Spiele ist eine weitere Zahl relevant: Immerhin wurden zum Zeitpunkt der Erhebung (bis August 2006) schon 14,1 Millionen DSL-User verzeichnet, eine Zahl, die mittlerweile eher in Richtung 18 Millionen breitbandige Online-Nutzer geht. Der Nonliner-Atlas von TNS-Infratest ermittelt für 2007, dass immerhin 57 % aller Online-User über einen Breitbandanschluss der DSL-Technologie verfügen und damit längst eher die Regel als die Ausnahme bilden.

Der zweite, für die Werbeeinbindung noch relevantere Player im In-Game Advertising-Markt sind die Spiele-Verlage und -Hersteller, im Branchenjargon nur kurz „Publisher" genannt. Diese Unternehmen sind im Regelfall vor allem für die Vermarktung der Spiele zuständig, während die eigentliche Konzeption und Programmierung durch die sogenannten „Studios" erfolgt. Bislang refinanzieren die Publisher die mitunter enormen Entwicklungskosten für die Games ausschließlich über Vertriebserlöse.

Kategorie		2005	2006	Veränderung in %
PC-Spiele	Absatz (in Millionen Stück)	24,6	24,3	-1 %
	Wert (Millionen €)	471	473	0 %
	Durchschnittspreis (€)	19,17 €	19,45 €	2 %
Videospiele	Absatz (in Millionen Stück)	16,6	20,4	23 %
	Wert (Millionen €)	578	653	13 %
	Durchschnittspreis (€)	34,72 €	32,02 €	-8 %
Gesamt	Absatz (in Millionen Stück)	41,2	44,7	9 %
	Wert (Millionen €)	1.049	1.126	7 %
	Durchschnittspreis (€)	25,45 €	25,18 €	-1 %

Tabelle 2: *Entwicklung im Spielemarkt 2005/2006 laut GfK Panel Service Deutschland*

Auch hier gibt es eine, im Verlagsgeschäft übliche Verwertungsreihenfolge, wonach neue Spiele im Regelfall zunächst zu Premium-Preisen verkauft werden, später ins Niedrig-Preis-Segment wechseln, um schließlich als Bestandteil von Spielesammlungen angeboten zu werden. Bedenkt man, dass moderne Games leicht mehrere Millionen Euro an Entwicklungskosten verschlingen, sind Verkaufszahlen von weit über 100 000 Einheiten allein in Deutschland zwingend, um in den Break-Even zu kommen. Die Entdeckung von Werbung als zweite Erlössäule neben den Vertriebser- lösen kann einer Umwälzung der etablierten Marktspielregeln gleichkommen, auch wenn die heutigen Werbeerlöse sich neben den Vertriebserlösen noch extrem be- scheiden ausmachen.

Das GfK Verbraucherpanel ermittelte in Deutschland für 2006 ein Marktvolumen von 1.126 Millionen € bei 44,7 Millionen verkauften Einheiten. Das Umsatzwachs- tum zum Vorjahr betrug +7,4 % und wurde vor allem über das Wachstum bei den Videospielen im Handheld-Segment getrieben, das für insgesamt 19 % der verkauf- ten Spiele verantwortlich war.

Wichtigster Publisher weltweit und auch im deutschen Markt ist seit Jahren Electro- nic Arts (EA) mit einem Marktanteil von derzeit 29 Prozent (www.electronicarts.de). Bekannte Titel von EA sind z. B. die virtuelle Welt der „Sims", die Fußball-Simula- tion „Fifa 07" (mit 547 000 Kopien das erfolgreichste Spiel 2007) oder auch die Rennspiel-Serie „Need for Speed" (von der letzten Folge Carbon wurden in 2006 in Deutschland 426 000 Exemplare verkauft).

	Publisher	Marktanteil (%)
1	Electronic Arts	29,27 %
2	Koch Media	10,55 %
3	Ubisoft	7,44 %
4	Take2Interactive	5,48 %
5	Activision	5,37 %
6	Vivendi Games	5,33 %
7	Microsoft	3,39 %
8	Atari	3,17 %
9	Flashpoint (NCSoft)	3,09 %
10	THQ	2,64 %

Tabelle 3: Marktanteile der Publisher in Deutschland 2006 lt. GfK

Ein weiteres Zeichen für den Reifegrad der Branche ist die mittlerweile schon weit fortgeschrittene Organisation der Publisher und Studios in Verbände für eine profes- sionelle Interessensvertretung. Der Bundesverband Interaktive Unterhaltungssoft- ware e.V. oder kurz BIU ist die Interessenvertretung der Anbieter und Produzenten von Unterhaltungssoftware in Deutschland (www.biu-online.de). Der Verband wurde im Frühjahr 2005 in Frankfurt am Main gegründet und hatte Mitte 2007 zwar insgesamt nur 12 Mitglieder, wobei praktisch alle auch international wichtigen Publisher vertreten sind: Activision, Atari, Eidos, Electronic Arts, Koch Media, Konami, Microsoft, Nintendo, Sony Computer Entertainment, Take2 Interactive, THQ und Ubisoft. Themen von gemeinsamem Interesse sind vor allem die Kommunikation über Computer- und Videospiele in der Öffentlichkeit, der Kinder- und Jugendschutz, Kampf gegen Softwarepiraterie und die Unterstützung der jährlich in Leipzig stattfindenden Games Convention. Dieser Branchentreff findet in 2007 immerhin schon zum sechsten Mal statt und zog im Vorjahr bereits 184 000 Besucher bei einer Gesamtausstellungsfläche von 90 000 Quadratmetern an.

Parallel hierzu hat sich G.A.M.E. e.V. als Bundesverband der Entwickler von Computerspielen in Berlin konstituiert (www.game-bundesverband.de). Während im BIU vorwiegend die Publisher, also die Verlage, organisiert sind, bildet G.A.M.E. die Heimat der Entwicklungsstudios. Der Verband sieht die Entwicklung von Computerspielen vor allem auch als Wirtschaftsfaktor bei der Entwicklung neuer und zukunftssicherer Arbeitsplätze, die jedoch von staatlichen Stellen bei weitem nicht so stark unterstützt wird wie andere High-Tech-Branchen. Erklärte Ziele der Vereinigung sind daher:

■ Förderung des Ansehens von Computerspielen in Deutschland,

■ Stärkung des Entwicklerstandortes Deutschland/deutschsprachiger Raum,

■ Messeauftritte deutscher Entwickler im In- und Ausland,

■ Erfahrungsaustausch, Networking, Weiterbildung,

■ Bereitstellung von Marktzahlen für Verbandsmitglieder.

Nachdem wir die Nutzerpotenziale sowie die Spiele als Werbeträger beleuchtet haben, kommen wir nun zu neuen Playern im Werbemarkt, die sich die Durchsetzung von Werbung in Computerspielen als normales Werbemedium auf die Fahnen geschrieben haben: die Vermarkter von In-Game Advertising. Unternehmen wie IGA Worldwide und Massive Inc. verkaufen Werbeflächen in Games an Werbetreibende bzw. an die jeweils beauftragten Agenturen. Um dies leisten zu können, müssen sie auf der einen Seite mit den Publishern bzw. Studios die Integration möglichst attraktiver, prominenter und innovativer Werbeflächen in den Games betreiben. Über technische Adserver-Systeme der Vermarkter können Werbemittel und Anzeigenmotive z. B. beim dynamischen In-Game Advertising laufend aktualisiert werden. Auf der anderen Seite müssen die Vermarkter die Budgetverantwortlichen von der Investition in dieses noch sehr junge Werbemedium überzeugen.

Verlässliche Zahlen über Umsätze in diesem noch extrem jungen Markt sind nicht verfügbar. Auch wenn Konzerne wie Microsoft (Massive Inc.) oder Google (AdScape Media) in diesen Markt investieren, sind die aktuellen Werbevolumina noch sehr überschaubar. Hinzu kommen als wichtige Player auf internationaler Ebene IGA Worldwide und Double Fusion sowie in Deutschland die Neugründung Jogo Media. Eine synoptische Übersicht über die Angebote dieser Vermarkter finden Sie am Ende des Buches in Tabellenform.

2.   Wer nutzt Computerspiele – eine Zielgruppen-Analyse

Barbara Saint-Hilaire aus Cleveland, Ohio, ist auf den ersten Blick eine typische US-Seniorin jenseits der 70. Allerdings hat sie seit den 70er Jahren eine noch etwas exotisch anmutende Leidenschaft: Sie spielt Computerspiele. Seit sie auf MTV und auf dem von ihrem Enkel betriebenen Blog http://oghc.blogspot.com unter ihrem Spieler-Pseudonym „*Old Grandma Hardcore*" als Expertin ihre Meinung über die neuesten Games verkündet, ist sie zu einer Kultfigur der Szene geworden. Und ihre Begeisterung beschränkt sich durchaus nicht auf das Kartenlegen in Casual-Games wie Solitaire: Auch gut gemachte Adventure- und Actionspiele haben es der rüstigen Rentnerin angetan.

Grandma Hardcore gehört als Frau und als Seniorin allerdings gleich in zweifacher Hinsicht *nicht* zur typischen Gaming-Zielgruppe. Diese wird in den Medien gern als männliche Jugendliche zwischen 14 und 19 Jahren karikiert. Dagegen kommt die gemeinsam vom Games-Publisher Electronic Arts, der Werbeagentur Jung von Matt und dem GEE Magazin vorgelegte Studie „Spielplatz Deutschland" zu folgender These:

„Computer- und Videospielen ist Volkssport: In allen Altersgruppen, in allen Einkommensgruppen, in allen Bildungsschichten, in Single-, Mehrpersonen- und Familienhaushalten – überall wird gespielt. Videospieler haben ein reges, geselliges Freizeitleben und konsumieren fleißig und markenbewusst. Was unterscheidet sie also von den Nicht-Spielern? Eigentlich nichts – außer, dass sie Video spielen."

Gamer sind also ganz normale Menschen, wie Du und Ich? Existiert das Klischee überhaupt noch, dass ein Computerspieler sich ausschließlich von Fastfood ernährt und keine Freunde aber dafür Pubertätspickel hat? Die Marktforschung hat besonders seit dem Jahr 2005 die Gamer als Forschungsobjekt entdeckt und, zumeist im Auftrag der Game-Publisher, einiges über Computer- und Videospieler herausgefunden. Was wir bei ehrlicher Betrachtung eigentlich schon wussten: Die meisten von uns spielen elektronische Spiele über PC, Konsole und Handheld. Welche Game-Titel, lieber Leser, liebe Leserin, kennen Sie, spielen Sie ab und an oder sogar regelmäßig?

Interessant für die Mediaplanung und für das Marketing wird es an der Stelle, wo die Zielgruppe der Gamer differenziert eingeordnet werden kann, z. B. nach sozioökonomischen Daten im Zusammenhang mit den verschiedenen Genres von Computer- und Videospielen. Sicherlich besteht hier international noch großer Forschungsbedarf, um die Nutzung von Games mit anderen Offline- und Online-Medien vergleichbar zu machen, die bisherigen Ergebnisse stellen dennoch eine gute Basis dar.

2.1   Definition, Alter und Geschlecht von Gamern

2.1.1   Nichtspieler, Wenigspieler, Vielspieler

Zunächst stellt sich uns die Frage, wann ein Mensch überhaupt ein Gamer ist. Einfache Antwort: Wenn er Computer- und Videospiele spielt und aus Sicht der Mediaplanung über Computerspiele erreicht werden kann. Der wohl bekannteste Game-Publisher Electronic Arts unterscheidet im 2. Band der EA-Studien aus dem Jahr 2006 zwischen Videospielern und Nichtspielern und definiert: *Videospieler* sind Personen, die Computer- und Videospiele für den eigenen Gebrauch kaufen; *Nichtspieler* sind Personen, die dieses nicht tun. Aus Sicht eines Herstellers und Vertriebsunternehmens von Games ein nachvollziehbarer Standpunkt. Für die Mediaplanung müssen wir jedoch einen Schritt weiter gehen und alle diejenigen mit einbeziehen, die sich Games von anderen Personen ausleihen, gleichzeitig mitspielen oder kostenlose Games spielen. Damit erweitert sich der Kreis der Videospieler oder Gamer erheblich und liegt oberhalb der 22 Prozent aller Bundesbürger, die EA nach eigener Definition angibt.

Um dem Einwand zu begegnen, eine Studie der Computerspielindustrie könne schwerlich ein neutrales Bild von der Soziodemographie der Gamer zeichnen, werfen wir in der Folge parallel einen Blick in gängige Markt-/Media-Studien, hier vor allem auf die von Burda herausgegebene Typologie der Wünsche (TdW) 2006 mit ihren 19 119 Befragten. Auf die Frage, ob das Spielen von Video- oder Computergames zumindest selten als Freizeitaktivität ausgeübt wird, ergibt diese Studie eine Gaming-Gemeinde von knapp über 18 Millionen oder 28 Prozent der Bevölkerung über 14 Jahren.

Eine spielende Person ist in diesem Moment Nutzer dieses Werbeträgers und Empfänger von Botschaften, die über dieses Medium verbreitet werden. Da die Häufigkeit der Botschaftsübermittlung, also die Anzahl der Kontakte, für einen Werbeerfolg von entscheidender Bedeutung ist, sind Daten zur Nutzungsdauer von Games wichtige Messgrößen. Im Sinne einer Mediaplanung ist Gamer also nicht gleich Gamer.

Der internationale Informationsprovider comScore definiert *Wenigspieler* als Personen, die bis zu 11 Stunden in der Woche Computer- und Videospiele spielen. *Vielspieler* verbringen mehr als 11 Stunden wöchentlich mit Gaming. Nielsen definiert in der Studie „Active Gamer Benchmark Study" die Active-Gamer als Personen ab 14 Jahre, die über einen PC, eine Konsole oder Handheld verfügen und diese Geräte mindestens eine Stunde pro Woche für Spiele benutzen.

Zusammenfassend wollen wir anhand der genannten Untersuchungen drei Kategorien von Personen unterscheiden:

- Nichtspieler spielen keine Computer- und Videospiele.

- Wenigspieler spielen bis zu sechs Stunden in der Woche Computer- und Videospiele und verfügen nicht unbedingt über eigene Game-Hardware, sondern spielen zum Teil nur bei Freunden oder leihen sich die entsprechende Spiele-Hardware.

- Vielspieler oder Active-Gamer spielen mehr als sechs Stunden in der Woche Computer- und Videospiele und verfügen über eigene Hardware für das Gaming.

Nach dieser Unterscheidung der Gamer in Wenig- und Vielspieler wollen wir die Gamer anhand struktureller Daten näher betrachten. Die Ergebnisse verschiedener Studien national und international sollen hier kurz vorgestellt und miteinander verglichen werden, um ein möglichst detailliertes Bild der Zielgruppe der Gamer zu zeichnen.

2.1.2   Gamer in Deutschland

In Deutschland betrug der Anteil der Gamer an der Bevölkerung der 14- bis 69-Jährigen nach Ergebnissen von IBM und der Universität Bonn 40 % aller Männer und 25 % aller Frauen. Zu einer sehr ähnlichen Gewichtung kommt die „Typologie der Wünsche", wonach 35 % der Männer und 21 % der Frauen über 14 Jahre angeben, zumindest selten Computer- und Videospiele zu nutzen.

Bei der Analyse der Altersstruktur der Gamer bestätigt sich zumindest teilweise das Vorurteil, dass Games ein verglichen mit den klassischen Medien wie Print und auch TV sehr junges Publikum ansprechen. Insbesondere der Anteil der intensiven Videospieler sinkt mit zunehmendem Alter dramatisch, was sicher zum Teil auch der abnehmenden Freizeit mit dem Einstieg ins Erwerbsleben oder auch der Gründung einer Familie geschuldet ist. Eine andere Erklärung: Die zunehmende Attraktivität und Verbreitung von Games in jungen Zielgruppen ist nur Vorbote für das Mediennutzungsverhalten zukünftiger Zielgruppen in den 30ern und 40ern. Nach dieser These müssen Games ihr Publikum mit zunehmendem Alter nicht zwangsläufig an die klassischen Medien und das Internet verlieren, sofern es entsprechend attraktive Angebote gibt.

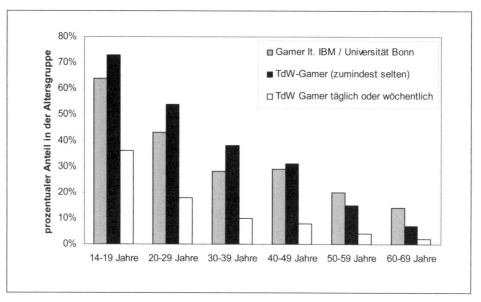

Quelle: IBM-Studie Gamer / Typologie der Wünsche 2006
Abbildung 2: *Anteil der Gamer in den jeweiligen Altersgruppen*

Wir halten jedoch fest, dass etwa ein Drittel der Gesamtbevölkerung (14 bis 69 Jahre) zu den Gamern gerechnet werden kann. Der hohe Anteil der unter 20-Jährigen bei der Nutzung von Games wird durch die JIM-Studie 2006 bestätigt: Danach nutzen 72 % der 12- bis 19-Jährigen in Deutschland PCs zum Gaming, wobei 20 % nur selten spielen. Nach Daten der KIM-Studie 2006 zählten in diesem Jahr 81 % der Kinder zwischen 6 und 13 Jahren in Deutschland zu den Computernutzern (85 % Jungen, 76 % Mädchen). Die meistgenannten Nutzungsmotive waren dabei Computerspielen und Lernen.

Betrachtet man die Gamer-Gemeinde näher, so können unterschiedliche Studien zur Analyse der Alterstruktur und Geschlechteraufteilung herangezogen werden. Der BIU hat ermittelt, dass 20 % aller Gamer in Deutschland bereits das 40. Lebensjahr überschritten haben. Nach Angaben der EA-Studie „Spielplatz Deutschland" sind die größte Gruppe der Freizeitspieler mit 54 % aller Gamer im Durchschnitt 44 Jahre. Nebenbei erfährt der Leser dieser Studie, dass Gamer sich genauso gesund (oder ungesund) wie der deutsche Durchschnittsbürger ernähren und genauso markenbewusst einkaufen.

TNS Infratest ermittelte im Jahr 2006 im Auftrag von Electronic Arts die Altersstruktur von Gamern in Deutschland.

Danach sind

- 19 % in der Altersgruppe 14 bis 19 Jahre

- 24% in der Altersgruppe 20 bis 29 Jahre

- 45% in der Altersgruppe 30 bis 49 Jahre

- 13% in der Altersgruppe über 50 Jahre

Die Zahl der „reiferen" Gamer nimmt nach dieser Studie in Deutschland ständig zu. GVE Autumn 05 untersuchte die Altersstruktur von Gamern in Deutschland nach absoluten Zahlen und trennte zudem nach den Geschlechtern. Danach zocken hierzulande so viele:

- ca. 5,4 Millionen in der Altersgruppe bis 20 Jahre (männlich ca. 3,2 Millionen, weiblich ca. 2,2 Millionen),

- ca. 6,5 Millionen in der Altersgruppe 20 bis 45 Jahre (männlich ca. 4,2 Millionen, weiblich ca. 2,3 Millionen),

- ca. 1,6 Millionen in der Altersgruppe ab 46 Jahre (männlich ca. 1 Millionen, weiblich ca. 0,6 Millionen).

Nach diesen Erhebungen sind es ca. 13,5 Millionen Gamer in Deutschland, das entspricht bei einer Gesamtbevölkerung von etwa 82 Millionen Menschen einem Anteil von 16,5 % oder nur der Hälfte der von IBM und der Universität Bonn festgestellten Gameranzahl. Bei diesen und anderen Studien stellt sich grundsätzlich die Frage der Vergleichbarkeit der Datenbasis (Definition eines Gamers, werden auch Wenigspieler mit einbezogen etc.).

Interessant ist auch ein Blick auf die übrigen soziodemographischen Daten, insbesondere hinsichtlich Bildung, Einkommen und Haushaltsgröße. Hierfür ziehen wir wieder die „Typologie der Wünsche" heran. Die intensiven Gamer, die täglich oder mehrfach wöchentlich spielen, sind stark überproportional noch in der Ausbildung, sei es Schule, Berufsausbildung oder Universität. Allerdings sind immerhin 45 % dieser intensiveren Gamer über 30 Jahre alt und auch insgesamt zu 52 % berufstätig, was ziemlich genau dem Durchschnitt der Gesamtbevölkerung über 14 Jahre entspricht.

Erweitert man den Kreis wieder auf die zumindest seltenen Gamer (besagte 18 Millionen Nutzer, eine Art „weitester Spielerkreis"), fällt die *überdurchschnittliche Bildung* auf. Obwohl hier der Anteil der Schüler mit 15,6 % immer noch weit überproportional ist, sind auch die weiterführenden Schulen (Mittlere Reife) mit 37 % sowie das Abitur ohne Studium mit 12 % überdurchschnittlich häufig vertreten. Selbst unter den Studierten entspricht der Anteil immer noch genau dem Durchschnitt, sie zählen zu 10 % zu den zumindest seltenen Spielern.

Beim *Haushaltsnettoeinkommen* sind die höheren Einkommen über 2 500 Euro monatlich deutlich überproportional vertreten. Dies gilt sowohl für die täglich und wöchentlich Spielenden (43 %) als auch für alle zumindest seltenen Spielenden mit 41 %, jeweils verglichen mit 32 % in der Gesamtbevölkerung.

Bei den *Haushaltsgrößen* dominieren die Haushalte mit drei und mehr Personen erwartungsgemäß mit zwei Dritteln im weitesten Spielerkreis sowie bei den Intensivspielern, während die Ein- und Zweipersonen-Haushalte deutlich unterrepräsentiert sind. Dies ist sicher auch eine Auswirkung der Altersschichtung, immerhin wohnen viele der Computer spielenden Jugendlichen in der Ausbildung noch bei den Eltern. Gleichzeitig zeigt es auch die Verbreitung von Games in Familien mit jüngeren Kindern. Beide Aspekte zeigen Potenziale für familientaugliche Mehrspieler-Games wie das Karaoke-Spiel Singstar oder auch die wettkampforientierten Sportspiele auf der Wii. Gleichzeitig widersprechen sie dem Klischee vom vereinsamten Single, der zwischen Pizzakartons allein vor seinem Computer sitzt.

Gamer im Vergleich zur Gesamtbevölkerung

Dem Durchschnitt der deutschen Gesamtbevölkerung entspricht die Anzahl der Gamer über 30 Jahre und die Anzahl der berufstätigen Personen. Überdurchschnittlich ist die Bildung der Gamer und das Haushaltsnettoeinkommen. Auch leben Gamer überwiegend in Haushalten mit drei und mehr Personen.

2.1.3   Mediennutzungs- und Konsumverhalten der Gamer

Nachdem deutlich geworden ist, dass Gamer keine kleine Randgruppe oder exotische Subkultur mehr sind, lohnt sich ein Blick auf ihr übriges Mediennutzungsverhalten und auch ihre Konsuminteressen. Um eine Vergleichbarkeit mit den klassischen Medien zu gewährleisten, stützen wir uns auch hier auf Burdas „Typologie der Wünsche" als etablierte Markt-Media-Studie.

Um ein letztes Mal auf die Altersstruktur des angeblich so jungen Mediums der Computer- und Videospiele einzugehen, vergleichen wir es mit der Altersstruktur zwei weiterer „junger Medien": dem Internet und dem Kino.

Diese Darstellung macht deutlich, dass Online, Kino und Games alle ein Publikum ansprechen, das jünger als der Altersschnitt in Deutschland ist. Das Internet ist allerdings mittlerweile eindeutig keine Domäne der Kinder und Jugendlichen mehr: Die stärksten Altersgruppen sind die 30- bis 39-Jährigen, gefolgt von den Vierzigern, erst dann kommen die Twens und als kleinste Gruppe die Teens. Hierbei spiegelt sich natürlich auch die starke berufliche Nutzung des Internets wider, während Kino und Computerspiele reine Freizeitbeschäftigungen sind.

Die Altersverteilung der Gamer und Kinobesucher ist allerdings nahezu identisch. Logischweise würden demnach alle Marken, die eher junge Zielgruppen im Kino ansprechen, diese auch über Werbung in Computer- und Videospielen erreichen.

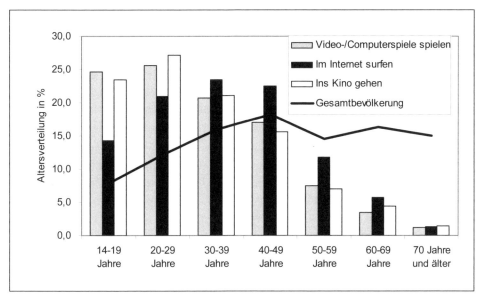

Quelle: Typologie der Wünsche 2006
Abbildung 3: *Altersverteilung verschiedener Mediagattungen im Vergleich ("Mach ich regelmäßig/gelegentlich")*

Auch im *Fernsehkonsum* gibt es interessante Erkenntnisse. Definieren wir einen werktäglichen TV-Konsum von bis zu zwei Stunden als klar unterdurchschnittlich (der Durchschnitt liegt bei etwas über drei Stunden), so liegt der Anteil dieser Wenig-Schauer in der Gesamtbevölkerung bei 39 %. Bei regelmäßigen Kinogängern und Online-Nutzern liegt dieser Anteil bei klar überdurchschnittlichen 49 %, bei Gamern immerhin noch bei 42 %. Ein Aspekt kann hierbei auch die Parallel-Nutzung sein: Der Fernseher läuft als „bewegte Tapete" im Hintergrund mit, während am PC gespielt wird.

Ein Blick auf die *Fernsehgenres* erlaubt weitere Einblicke in die Zielgruppe der Gamer: Klar überdurchschnittlich häufig gesehen werden Serien und Filme aus den Bereichen Action, Abenteuer, Thriller und Science Fiction von 48 % der zumindest gelegentlichen Gamer versus 36 % bei den Onlinern und 26 % in der Gesamtbevölkerung. Sportsendungen werden von 43 % der Gamer gern gesehen vs. 39 % der Onliner und 33 % in der Gesamtbevölkerung. Auch Casting-Shows wie „*Deutschland sucht den Superstar*" sind mit 17 % bei den Gamern überdurchschnittlich populärer als in der Gesamtbevölkerung (11 %). Gerade diese drei TV-Genres gelten im

Privatfernsehen sowohl als Quotenrenner als auch unter Vermarktungsgesichtspunkten als sehr attraktiv. Bei der später folgenden Betrachtung der Spiele-Genres wird deutlich werden, dass Spannung, Sport und auch Gesangsperformances bei aktuellen Computer- und Videospielen hoch im Kurs stehen.

Die *Grundeinstellung zu Werbung* ist bei Gamern auffallend positiv: Immerhin 30 % geben an, Werbung manchmal richtig toll zu finden, während dies nur bei 20 % der Gesamtbevölkerung und 25 % der Onliner der Fall ist. Auch das Geld sitzt deutlich lockerer als beim bundesdeutschen Durchschnittsbürger: 25 % der Gamer geben an, häufig mehr Geld auszugeben, als sie sich vorgenommen hatten, versus 18 % in der Grundgesamtheit und 23 % der Onliner. Nur die Kinogänger kommen auf einen ähnlich hohen Wert.

Immerhin 40 % der Gamer sagen, dass sie durch Werbung schon häufiger auf interessante Produkte und neue Ideen aufmerksam geworden sind, gegenüber 32 % aller Befragten. Dies schlägt sich dann auch in der Offenheit für neue Produkte nieder: 42 % der Gamer sagen, dass sie neue Produkte gerne ausprobieren, vs. 29 % der Gesamtbevölkerung und 38 % der Onliner.

Das Interesse insbesondere an neuen Techniken der *Unterhaltungselektronik* ist bei Gamern und Onlinern extrem hoch: Beide Nutzergruppen zählen sich zu je 38 % zu den Innovatoren oder Frühen Adoptoren in diesem Bereich, während in der Gesamtbevölkerung dies nur 20 % tun. Dies macht Gamer und Onliner für Werbetreibende aus dieser Branche sehr attraktiv, weil diese immer zuerst auf neue Produktgenerationen wechseln und dabei durchaus auch Premium-Preise zahlen, während sich die späteren Adoptoren beim Discounter zu weitaus geringeren Preisen erst Jahre später mit diesen Technologien ausstatten. Gleichzeitig beraten sie andere, technisch weniger versierte Bevölkerungsgruppen als Meinungsführer beim Einsatz neuer Technologien.

Bei der Markenorientierung im Bereich der schnelldrehenden Konsumgüter (FMCG-Sektor) hängen Computer- und Videospieler allerdings deutlich hinter Onlinern und Kinobesuchern hinterher: So bezeichnen sich nur unterdurchschnittliche 15 % der Gamer als markenorientiert im Bezug auf *Nahrungs- und Genussmittel*, während dieser Wert bei Onlinern sogar bei 39 % und bei regelmäßigen Kinogängern noch immerhin bei 22 % liegt (Bundesdurchschnitt: 20,6 %). Auch der Anteil derjenigen, die sich als grundsätzlich markenbewusst bezeichnen, liegt mit 24 % knapp unter dem Schnitt der Gesamtbevölkerung (25 %) und deutlich hinter den Onlinern (29 %). Trotzdem führt dies gerade bei Gütern des täglichen Bedarfs nicht zu einer überdurchschnittlichen Nutzung von Discountern als diesbezügliche Einkaufsstätte: Mit 49 % liegen die Gamer hierbei sogar unter dem Schnitt von 52 % in der Gesamtbevölkerung.

Dafür ist die *Autobegeisterung* sehr hoch ausgeprägt: Über 22 % der Gamer bezeichnen sich als ausgesprochene Autofans, während dies nur 14 % in der Gesamtbevölkerung tun. Auch Kinogänger mit 19 % und Onliner mit 21 % liegen hinter diesem Wert. Hierbei ist die Liebe für Autos mit einem sportlichen Charakter mit 25 % gleich hoch ausgeprägt bei Gamern und Onlinern (Durchschnitt: 16 %). Dafür liegt die Markentreue der Gamer bezogen auf Autos mit 19 % der Befragten genau im Schnitt.

Auch wenn die Männer in der Gruppe der regelmäßigen oder gelegentlichen Gamer mit fast zwei Dritteln noch deutlich dominieren, ist durchaus ein überdurchschnittliches *Interesse an Mode* zu verzeichnen: Immerhin knapp 26 % interessieren sich für die neuesten Modetrends, minimal weniger als bei den Onlinern und immer noch klar mehr als in der Gesamtbevölkerung mit 20 %. Gut 14 % der Gamer und Onliner geben an, für modische Kleidung ziemlich viel Geld auszugeben. Das sind zwar weniger als unter den Kinogängern mit 18 %, aber immer noch über dem Gesamtschnitt von 11 %.

Einen letzten Blick werfen wir noch auf die Grundorientierungen für *Freizeit-Zielgruppen*: 45 % der Gamer sind der Gruppe „Szene/Freizeit" zuzuordnen und damit unterwegs auf der Piste. Dies sind nicht nur weit mehr als die 25 % der Gesamtbevölkerung, sondern auch der Onliner mit 35 %, wenn auch nicht ganz so stark ausgeprägt wie bei den Kinogängern mit 59 %. Auch dies widerspricht dem Bild des vereinsamten Jugendlichen, der sämtliche sozialen Kontakte verloren hat, deutlich. Gleichzeitig ist es ein weiteres Indiz dafür, dass diese Zielgruppen in ihrer Freizeit nicht auch noch für stundenlangen Fernsehkonsum zur Verfügung stehen.

Im Band 2 der EA-Studien wurde ermittelt, dass Gamer zu denjenigen unter uns gehören, die konsumfreudig sind und mehr Geld für Konsumgüter und Freizeitbeschäftigung ausgeben, als dies Nichtspieler tun.

2.1.4   International

Die Vergleichbarkeit internationaler Studien gestaltet sich ähnlich wie auf nationaler Ebene wegen unterschiedlicher Datenbasen und Zielstellungen sehr schwer. Dennoch können einige Aussagen über die Alters- und Geschlechtsstruktur von Gamern gemacht werden.

- Das Institut Jetix Europe untersuchte in der Studie „Jetix-Kidometer" im Jahr 2006 das Verhalten europäischer Kinder von 7 bis 14 Jahren bezüglich ihres Medienkonsums. Dabei kam heraus, dass das Internet überwiegend zum Gaming benutzt und die Freizeit überwiegend mit Games verbracht wird. Eine Konsole gehört bei den Kids zur Standardausrüstung. Interessant ist auch, dass laut Studie die Mehrheit der Kinder das Kaufverhalten von Spielkonsolen, Computern und Urlaubsreisen der Erwachsenen beeinflusst.

▪ Laut einer Studie der Entertainment Software Association (ESA), dem Dachverband der US-amerikanischen Computer- und Videospiel-Publisher, sind US-amerikanische Gamer durchschnittlich 33 Jahre alt und zu 44 % weiblich. Sie beschäftigen sich im Mittel bereits seit zehn Jahren mit Gaming und bevorzugen vor allem Autorennen, Verfolgungsjagden und Wirtschaftssimulationen. Rund 20 % dieser Gamer sind über 50 Jahre und spielen regelmäßig.

▪ Die NPD Group ermittelte, dass international in der Altersgruppe der Männer von 18 bis 34 Jahren über 70 % zu den Gamern gerechnet werden können.

▪ Der internationale Informationsprovider comScore ermittelte im Jahr 2006, dass Gamer international durchschnittlich 41 Jahre alt sind. 52 % sind weiblich, das Durchschnittseinkommen beträgt 55 000 US-Dollar. 84 % der Gamer besitzen einen Breitbandanschluss.

Zusammenfassung

Die Ergebnisse diverser Studien zeigen uns folgendes Bild: Gamer sind in allen Altersgruppen zwischen 6 und 60 Jahren zu finden. Die Gemeinde der Gamer wächst ständig – eine Sättigung ist noch lange nicht in Sicht. Die Atari- und C64-Generation der 80er Jahre entdeckt heute das Gaming durch die eigenen Kinder neu oder ist sogar seit damals beim Gaming geblieben. Die Kinder wachsen heute mit Gaming auf wie die vorherigen Generationen mit Mensch-ärgere-Dich-nicht und Mau-Mau. Durch die Entwicklungen von Computern, Konsolen und Handhelds bezüglich Grafik und Performance sowie die ständig wachsende Verbreitung von breitbandigen Internetverbindungen begeistern sich immer mehr Menschen für Computer- und Videospiele. Die Entwicklung von neuen Spiele-Ideen förderte in der Vergangenheit ebenso die Verbreitung des Gaming. Neulingen wird der Einstieg in die Spielewelt durch Tutorials, Trainingsmissionen und neue Hardware wie die Wii von Nintendo erleichtert. Natürlich tragen das Marketing und die Werbung von Games über klassische und Online-Medien einen Großteil zur Verbreitung und Etablierung bei.

2.2   Spielenutzung

Eine Studie der Psychologischen Fakultät der Universität Hamburg setzte sich im Jahr 2006 mit dem Gaming auseinander: Die Wissenschaftler stellten fest, dass speziell das Spielen am Computer die Produktivität fördert und die geistige Leistungsfähigkeit erhöht. Am Beispiel von Computerspielen zeigten die Wissenschaftler, dass Spielen im Alltag der Selbstregulation dient und das Gleichgewicht zwischen Anspannung und Entspannung beziehungsweise Abwechslung und Routine wieder herstellt. [8] Findet der Gamer also seinen nötigen Ausgleich zum Alltag beim „Daddeln"?

Nach Daten von IBM und der Universität Bonn ist eine Hauptmotivation des Gaming die Möglichkeit der Kommunikation sowohl mit der virtuellen Umgebung als auch mit anderen Menschen – das bieten „passive" Medien wie TV, Radio, Print dem User so nicht. Über diese nachvollziehbaren Gründe hinaus ist der Umgang mit dem Medium Games differenziert zu betrachten. Um die Nutzung von Games zu analysieren, können verschiedene Kriterien herangezogen werden. Zur relevanten Darstellung im Sinn einer Verwertung für die Mediaplanung und für Marketingstrategien sollen folgende Parameter veranschaulicht und werden:

- ▣ Nutzung von Online- und Offline-Varianten,

- ▣ Nutzung nach Game-Genre (Action, Adventure etc.),

- ▣ Nutzung nach Spieler-Typus,

- ▣ Häufigkeit und Dauer der Nutzung.

2.2.1   Online- und Offline-Gaming

Online-Games sind grob gesagt Computerspiele, die über das Internet gespielt werden. Dabei unterscheidet man zwischen browserbasierten Games und clientbasierten Games. *Browserbasierte Games* werden im Browserfenster (Internet Explorer, Firefox etc.) gespielt, die Installation eines Spieleprogramms ist dabei nicht nötig. *Clientbasierte Games* besitzen ein eigenes Installationsprogramm. Das Spiel wird in einem spieleeigenen Programmfenster gespielt. Streng genommen ist der Browser ebenfalls ein Client, da laut Definition ein Client ein Programm ist, das eine Verbindung mit einem Server zum Datenaustausch aufnimmt. Dennoch hat sich die Unterteilung in Browsergames und Clientgames in der Entwicklerszene durchgesetzt.

Reine Offline-Games besitzen während des Gameplays keine Verbindung zum Internet bzw. das Gameplay beruht nicht auf Aktionen, die auf einem Server passieren. Offline-Games können natürlich über das Internet bezogen werden (beispielsweise als Download), auch kann eventuell der eigene Highscore über eine Internetverbindung auf einen Server geladen und in einer „Hall of Fame" veröffentlicht werden. Das eigentliche Gameplay findet bei den Offline-Games jedoch ausschließlich auf dem eigenen PC oder der Konsole statt.

Viele Computerspiele vereinen heute die beiden Welten der Offline- und Online-Games, indem der Gamer den Modus wechseln kann. Er entscheidet, ob er gegen den Computer ein Rennen fährt (offline) oder gegen reale Gegner im World Wide Web (online). Die Entscheidung eines Entwicklers, sein Game als Offline-, Online- oder für beide Varianten anzubieten, ist von der Spiele-Idee und dem eigentlichen Gameplay abhängig. Online-Games wie die sogenannten MMOG (Massively Multiplayer Online Games) machen im Offline-Modus keinen Sinn, da das Gameplay das Spielen miteinander und gegeneinander vorsieht. Virtuelle Welten wie *Second Life* sind ebenfalls nur im Online-Modus denkbar, da die Kommunikation unter den Avataren und deren für alle sichtbare Gestaltung der virtuellen Welt den eigentlichen Spielespaß ausmacht. Genauso gibt es Games wie das beliebte *Tetris* oder *Mah-Jongg*, die der User gegen den eigenen Computer spielt. Aber auch hier gibt es Online-Varianten, bei denen verschiedene User auf Zeit gegeneinander spielen können.

Die Nutzung von Games aufgeschlüsselt nach den Spielemodi ist wegen der Kombinationsmöglichkeiten schwer darzustellen und zu untersuchen. Einige Ergebnisse zeigen jedoch die Tendenz, dass das Online-Gaming insgesamt wesentlich stärker zunimmt als die reine Offline-Variante.

Laut der bereits erwähnten Studie von IBM in Kooperation mit der Universität Bonn sind 30 % der Jungen bis 20 Jahre in Deutschland Online-Gamer. Insgesamt gehören laut Studie 40 % der bundesdeutschen Männer zu den Gamern und 15 % zu den Online-Gamern. Bei den Frauen sind es insgesamt 25 % Gamerinnen bzw. 4 % Online-Gamerinnen. Nach Daten von PricewaterhouseCoopers wachsen die Umsätze mit Online-Games in Deutschland jährlich um über 60 % im Durchschnitt. Konsolenspiele-Umsätze wachsen noch mit etwa 8 %. Die Zuwächse gehen allerdings auf Kosten der PC-Spiele (Offline), die ein Minus von 3,4 % jährlich verzeichnen.

In den USA nutzen von den 117 Millionen Gamern laut Nielsen 56 % Online-Games, davon wiederum 64 % Frauen, das heißt, es gibt dort circa 66 Millionen Online-Gamer insgesamt, die sich aufteilen in 42 Millionen weibliche und 24 Millionen männliche User. Online-Gaming am PC erlebt nach der Studie einen Boom, der weiterhin anhalten wird. Begründet wird diese Entwicklung mit der Ausstattung der meisten Haushalte mit PCs und deren besonderer technischer Eignung für MMOG. Im Gegensatz zu Deutschland ist das Online-Gaming in den USA demnach absolut und prozentual wesentlich stärker verbreitet.

2.2.2 Game-Genre

Für das vorliegende Buch haben wir verschiedene Quellen zur Einteilungen von Game-Genres miteinander verglichen, zusammengefasst und eine Gliederung vorgenommen, die sich in Bezug auf eine Relevanz für die Mediaplanung und für Marketingstrategien sinnvoll ergeben. Danach können Game-Titel folgenden Genres zugeordnet werden:

■ Action (z. B. Counterstrike, Doom),

■ Adventure (z. B. Tomb Raider, Splinter Cell),

■ Geschicklichkeit (z. B. Super Mario, MahJongg),

- Kinder- und Familienspiele (Mein Pferdehof, Petterson und Findus),

- Quiz- und Gesellschaftsspiele (z. B. Wer wird Millionär, Sing Star),

- Rennspiele (z. B. Formel 1, DTM Racing),

- Rollenspiele (z. B. World of Warcraft, Diablo),

- Simulationen (z. B. The Sims, Die Siedler),

- Sport (z. B. Fußball-Manager, Tiger Woods Golf),

- Strategie (z. B. Anno, Command & Conquer),

- Virtuelle Welten (z. B. Second Life).

Diese Einteilung erfolgte nach thematischen Zusammenhängen, die durchaus mit Marken in Verbindung gebracht werden können, das heißt, jeder Markenartikler wird relativ schnell ein Genre für sich entdecken.

Eine andere Einteilung von Games ist die Unterscheidung nach „herkömmlichen" Computer- und Videospielen und den sogenannten *Casual-Games*. Diese werden auch als „Gelegenheitsspiele" bezeichnet und sind dadurch gekennzeichnet, dass sie intuitiv zu bedienen sind und sich durch einen schnellen Spielerfolg auszeichnen. Nach dem Motto „Starten und sofort loslegen" gehören insbesondere Brett-, Denk- und Kartenspiele zu den Casual-Games. Bezüglich der oben angeführten Genre-Einteilung finden sich diese Games insbesondere bei den Quiz- und Gesellschafts-spielen, aber auch bei den Geschicklichkeitsspielen wieder. Casual-Games haben den Charme, dass sie meist nur wenige Megabyte groß sind und auch auf älteren, wenig leistungsfähigen Rechnern laufen. Auch lassen sie sich oft leicht auf mobile Geräte (PDA, Handys) übertragen.

Der US-amerikanische Streaming-Media Anbieter „Realnetworks" hat festgestellt, dass besonders Frauen ab 40 Jahre sich für Casual-Games interessieren. Bei Umfra-gen ergab sich folgendes Bild bezüglich der Nutzung von Casual-Games:

- 67 Prozent der Frauen spielen mindestens viermal die Woche Casual-Games.

- Etwa die Hälfte der Frauen (47 Prozent) spielt sogar jeden Tag.

- Ca. 60 Prozent der befragten Frauen spielen lieber Casual-Games, als dass sie telefonieren oder handarbeiten.

- Rund 50 Prozent spielen lieber Casual-Games, als dass sie ins Kino gehen.

Als Spielgrund bezüglich Casual-Games gaben in der Befragung Männer und Frau-en über 18 Jahre folgende Gründe an:

- Ca. 64 Prozent spielen zur Entspannung.

■ Ca. 53 Prozent spielen zur Stressbewältigung.

■ Ca. 42 Prozent spielen zum Trainieren ihres Gedächtnisses. [9]

Eine Umfrage von Giga-TV innerhalb des hauseigenen Trymedia-Netzwerkes hat ergeben, dass bei den Casual-Games die Puzzlespiele in der Nutzung weit vorne liegen: 67 % der Gamer spielen diese Casual-Games. Danach folgen Kartenspiele mit 44 % und Strategiespiele mit 35 %.

Casual-Games

Die landläufige Meinung, dass es sich bei den Casual-Games um Spiele handelt, die ausschließlich für wenige Minuten gespielt werden, stimmt nicht. Vielmehr sind diese Spiele leicht zu erlernen und ein kurzer Spielspaß ist möglich, etwa in der Mittagspause. Häufig werden Casual-Games aber auch über Stunden am Stück gespielt.

2.2.3   Spieler-Typologie

Wie bereits aus den soziodemographischen Analysen zur Zielgruppe der spielenden Bundesbürger deutlich geworden ist, gibt es den stereotypen „Gamer" schlechthin nicht. Zu breit ist das Altersspektrum, zu heterogen sind die Motivationen, zu unterschiedlich die Spiele-Genres als Medium und zukünftiger Werbeträger. Insofern sind Spieler-Typologien ein durchaus sinnvoller Ansatz, um die Vielfalt in überschaubare Cluster zu strukturieren. Die bekannteste und wohl auch beste Studie für den deutschen Markt hat Electronic Arts in Zusammenarbeit mit der Werbeagentur Jung von Matt und dem GEE Magazin im Oktober 2006 unter dem Titel „Spielplatz Deutschland" vorgelegt.

In dieser Studie wird zwischen fünf im Folgenden näher beschriebenen Spielertypen unterschieden. Die Studie beruht auf einem repräsentativen Semiometrie-Panel aus einer Befragungswelle aus dem Sommer 2005 in der werberelevanten Zielgruppe über 14 Jahren, ergänzt um Leitfadeninterviews zum Freizeit- und Konsumverhalten, zu Einstellungen sowie zur Spielmotivation.

Spieltyp	Anteil in %	Merkmale	Game-Genre
Freizeitspieler	54	Gaming neben anderen Freizeitbeschäftigungen; steht mitten im Leben; Männer und Frauen gleich vertreten; Entspannung und Ausgleich zum Alltag	Fun-, Sport- und Geschicklichkeitsspiele
Gewohnheitsspieler	24	Gaming gehört zum Leben; startet Berufsleben, bezieht die erste eigene Wohnung etc.; zu 75 % männlich; ist mit Games aufgewachsen	Fun- und Sportspiele, daneben Action- und Strategiespiele
Intensivspieler	5	Gaming ist mehr als Freizeit, besonders gerne wird in Gemeinschaft (Netzwerke) gespielt; steht in der Ausbildung/Schule oder im Berufsstart; zu 80 % männlich	Action, Shooter
Fantasiespieler	6	Schlüpft in andere Rollen und lebt beim Gaming seine Fantasien aus; Familienmensch; Gaming bietet Abwechslung zum Alltag	Rollenspiele
Denkspieler	11	Gaming ist Herausforderung; steht mitten im Leben; Männer und Frauen gleich vertreten; spielt eher allein gegen den Computer	Knobel-, Management- und Strategiespiele

Tabelle 4: *Typologie von Computer- und Videospielern und deren Merkmale; Ergebnisse der Studie „Spielplatz Deutschland"*

Mehr als die Hälfte aller Gamer sind dem Typus der *Freizeitspieler* zuzuordnen, die im Regelfall erst über die Anschaffung ihres Personal Computers zum Spielen gekommen sind. Mit einem Durchschnittsalter von 44 Jahren bilden sie auch die älteste der fünf Gruppen, die Hälfte der Freizeitspieler leben in Drei- und Mehr-Personenhaushalten. Spielen ist eine von vielen Freizeitbeschäftigungen wie Lesen, Freunde treffen oder Sport treiben. Allerdings wird meist nur spontan gespielt, wenn gerade nichts anderes ansteht, oft nach dem Abendessen, wenn die Kinder im Bett sind. Bevorzugt werden Spiele von eher geringer Komplexität, die keine lange Übung und kein Training verlangen, da hierfür schlicht die Zeit fehlt. Frauen stellen etwa die Hälfte der Freizeitspieler, ein Phänomen, welches auch den Anbietern der Casual-Games wie Solitaire, Tetris und Sudoku hinreichend bekannt ist. Es sind übrigens auch Frauen, die zu einem sehr hohen Anteil die sogenannten Skill-Game-Portale wie z. B. King.com oder Gameduell.de bevölkern. In diesen Communities können Spieler bei Geschicklichkeitsspielen gegeneinander antreten und um kleinere Einsätze spielen. Da es sich durchweg um Spiele handelt, für die das Können des Spielers oder der Spielerin wichtiger sind als der Glücksfaktor, zählen diese auch nicht zu den verbotenen Glücksspielen.

Gewohnheitsspieler bilden die zweitgrößte Gruppe mit 24 Prozent der Gamer. Für sie sind Games ein völlig selbstverständlicher Bestandteil ihres Medienkonsums neben Filmen, Büchern und Musik. Anders als die spätberufenen Freizeitspieler können sich die im Durchschnitt 30-jährigen Gewohnheitsspieler nicht an eine Zeit ohne Games erinnern. Spiele-Klassiker wie PacMan oder Super Mario haben sie auf Konsolen und Gameboys schon als Kinder fasziniert. Nun sind viele Gewohnheits-spieler selbst in der Phase der Familiengründung oder auch des Einstiegs ins Er-werbsleben nach dem Studium, wodurch die zur Verfügung stehende Freizeit für das Spielen knapper wird. Immerhin ein Viertel der Gewohnheitsspieler ist weiblich. Von allen Spielertypen hat diese Gruppe das höchste Einkommen und auch eine entsprechend gute Haushaltsausstattung mit Unterhaltungselektronik. Durch den souveränen Umgang mit dem Medium Games sind Gewohnheitsspieler für eine sehr große Bandbreite an Genres offen. Als gesellige Typen stehen bei ihnen Fun- und Partyspiele im Freundeskreis wie das Karaoke-Spiel „SingStar" hoch im Kurs.

Mit 11 Prozent Anteil stellen die *Denkspieler* die drittgrößte Gruppe unter den Spie-lern. Demografisch mit einem Altersschnitt von 38 Jahren etwas jünger als der Frei-zeitspieler, definiert sich dieser Typus über sein Faible für Strategie und Knobeln in Computerspielen. Bevorzugte Genres sind daher Strategiespiele wie *Anno* oder *Die Siedler*, aber auch *Dr. Kawashimas Gehirn Jogging*. Ihnen geht es also weniger um den schnellen Spaß als um die intellektuelle Herausforderung. Dagegen sind Spiele, die schnelle Reaktionen verlangen und viel Action bieten, nicht ihre Sache.

Der *Fantasiespieler* mit 6 Prozent aller Gamer fokussiert sich auf das Genre der Adventure-, Fantasy- und Rollenspiele. Hier können die im Schnitt 35-Jährigen in eine eigene, virtuelle Welt abtauchen und in Rollen schlüpfen, die ihnen in der All-tagswelt verwehrt bleiben, sei es als Drachentöter, Zauberer, Mafiaboss oder auch als Science-Fiction-Held. Fantasiespieler verfügen über ein mittleres bis unteres Haushaltsnettoeinkommen, stehen ansonsten ähnlich mitten im Leben wie die Ge-wohnheitsspieler. Gerade den Verpflichtungen dieses Lebens mit Vorgesetzten, Fa-milie und Bausparvertrag entflieht der Fantasiespieler.

Der in der öffentlichen Wahrnehmung dominante *Intensivspieler*, der als männlicher Jugendlicher stundenlang vor Ego-Shootern wie Counterstrike zubringt, ist mit ei-nem Anteil von 5 Prozent demnach eigentlich der Exot unter den Spielertypen. Gleichzeitig verbringt dieser Spielertypus die meiste Zeit vor dem Bildschirm, ist entsprechend für andere Medien schwerer ansprechbar. 80 Prozent der Intensivspieler sind Männer, im Schnitt sind die 22 Jahre alt. Die meisten sind in der Ausbildung und viele von ihnen wohnen noch bei den Eltern. Zudem dominieren die Drei- und Mehrpersonenhaushalte mit 72 Prozent. Trotzdem fördert die Studie überraschendes zutage, etwa dass Intensivspieler von allen Typen am seltensten alleine spielen, sondern ihr Hobby am liebsten mit Gleichgesinnten teilen. Dies müssen nicht immer aufwendige LAN-Parties sein, bei denen sich Gamer aus dem gesamten Bundesgebiet treffen. Private Treffen, bei denen zwei oder drei Rechner zusammengeschaltet werden, sind alltäglicher. Als Spiele-Genres sind nicht nur Actionspiele und Ego-Shooter beliebt, auch Renn- und Sportspiele wie Need for Speed sind durchaus populär. Ansonsten leben die Intensivspieler natürlich ein völlig „normales" Leben für ihre Altersgruppe mit Freundin, Partys, Sport und Kinobesuchen.

Innerhalb der Studie wurden folgende fünf Spielmotivationen herausgearbeitet, die bei den jeweiligen Spielertypen unterschiedlich stark gewichtet sind:

1. *Zeitvertreib*, z. B. in öffentlichen Verkehrsmitteln mit Gameboy & Co.

2. *Geselligkeit*, als Ersatz für die klassischen Brettspiele bei Treffen mit Freunden

3. *Ausgleich*, zur Entspannung vom beruflichen und privaten Alltag

4. *Neue Rollen*, die Suche nach Selbstverwirklichung und Gestaltung

5. *Herausforderung*, das Lösen schwieriger Aufgaben, das Erreichen neuer Level

---

Herausforderung für die Mediaplanung

Wir können festhalten, dass es den Computer- und Videospieler schlechthin genauso wenig gibt, wie es den TV-Zuschauer oder Zeitschriftenleser gibt. Die Mediaplanung kann und muss daher differenzieren bei der Untersuchung der Frage, ob In-Game Advertising als Medium in Frage kommt. Die Heterogenität der Spielerinnen und Spieler wirft allerdings auch zahlreiche neue Fragen auf, die durch vorliegende Studien nur im Ansatz beantwortet werden können. So etabliert Games als Medium an sich schon sind: Nach Kriterien der Mediaforschung stehen sie noch am Anfang.

2.2.4 Häufigkeiten und Dauer der Nutzung

Die Studie *Time-Budget 12* des TV-Vermarkters SevenOne Media (Sat1, ProSieben) ermittelte 2005 durch das Forsa-Institut eine durchschnittliche tägliche Nutzung von 20 Minuten für Computer- und Videospiele bei der werberelevanten Zielgruppe der 14- bis 49-Jährigen, also auch inklusive aller Nicht-Spieler. Das sind immerhin fünf Minuten mehr als die durchschnittliche tägliche Zeit für Zeitschriftenlektüre. Allerdings geben in der gleichen Studie „nur" 52 Prozent der Befragten an, zumindest gelegentlich zu spielen, was die Spieldauer der Spielenden rein rechnerisch auf 40 Minuten verdoppelt. Zehn Prozent der Befragten gab an, sogar täglich zu spielen.

Die britischen Marktforscher von *Some Research* ermittelten in der Studie „Game Vision", dass Europäer durchschnittlich neun Stunden pro Woche am PC spielen – Rang drei nach Fernsehen und Musikhören. Deutschland liegt dabei mit 12 Stunden Gaming pro Woche deutlich über diesem Durchschnitt.

Nach Untersuchungen der *Information Solution Group* sind 47 % der US-amerikanischen Casual-Gamer über 50 Jahre und fast 20 % über 60 Jahre. Von den über 50-Jährigen spielen 65 % täglich und 31 % mehr als 10 Stunden pro Woche.

Der Game-Sender Giga TV ermittelte im Jahr 2006, dass 37 % der Casual Gamer neunmal und öfter in der Woche spielen. 66 % spielen mehr als eine Stunde und 31 % mehr als zwei Stunden am Stück. Gespielt wird meist nachts (73 %) und am Wochen-ende (55 %). Dabei wurde festgestellt, dass insgesamt 71 % der Casual-Gamer Frauen sind. 37 % aller Casual-Gamer sind zwischen 35 und 49 Jahre, 28 % zwischen 50 und 60 Jahre.

comScore unterscheidet Gamer nach der Spielhäufigkeit und teilt dabei in Vielspie-ler und Wenigspieler. Die Grenze setzt comScore bei 11 Stunden Spielen pro Woche. Vielspieler verbringen nach Daten des Informationsproviders international 11 bis 16 Stunden durchschnittlich mit Gaming, Wenigspieler weniger als 11 Stunden pro Woche.

Nielsen definiert in der Studie „Active Gamer Benchmark Study" die Active-Gamer als Personen über 13 Jahre, die über einen PC, eine Konsole oder Handheld verfü-gen und diese Geräte mindestens eine Stunde pro Woche für Spiele benutzen. 8 % dieser Active-Gamer sind über 45 Jahre alt. Ein grobes Fazit dieser Studie ist, dass ältere Frauen mehr Casual-Games spielen und junge Männer mehr Konsolenspiele. In sechs Monaten kauft laut Studie jeder Active-Gamer durchschnittlich vier Spiele und spielt diese 47 Stunden. Gekauft wird zu 90 % im Handel und zu 10 % online.

Damit ist die Dauer der Spielenutzung sowohl insgesamt als auch pro Nutzungsvor-gang recht breit gestreut, ein Umstand, dem auch von Seiten der Anbieter Rechnung getragen wird. Sie bieten Spiele mit wenigen Minuten kurzen Spieleinheiten ebenso an wie Gameplays mit ausgefeilter Dramaturgie, die eine stundenlange intensive Beschäftigung erfordern bzw. möglich machen.

2.3 Communities und E-Sport

2.3.1 Communities

Die Atari- und C64-Generation kennt Computerspiele noch als einfach aufgebaute Grafikelemente im Singlemodus, das heißt, der Gamer spielt gegen den Computer. Die ersten Spiele für den Fernsehapparat, auch Telespiele genannt, konnten ebenso im Singlemodus gespielt werden, hatten in der Regel aber zwei Bedienelemente für zwei Spieler. Das bekannteste Telespiel ist Pong, 1972 von Atari veröffentlicht. Der erste Schritt für ein gemeinsames Spielen und eine Kommunikation während des Spielens war mit diesen zwei Paddles (Drehknöpfen) getan. Wir haben in diesem Kapitel gesehen, dass Gamer sich in ihren Bedürfnissen von Nicht-Gamern nicht unterscheiden, das heißt, das Bedürfnis nach Kommunikation haben alle Menschen gemeinsam – Ausnahmen bestätigen die Regel. Nun gibt es doch einen Unterschied zwischen Gamern und Nicht-Gamern: Gamer spielen Games. Solch ein Interesse verbindet und sucht nach Verbündeten, mit denen man sich austauschen möchte. Die Motive kennen wir alle auch aus anderen Bereichen. Beispielsweise möchte man mitteilen, wie gut man etwas beherrscht, oder möchte von anderen Gleichgesinnten lernen, um eine Fähigkeit weiter auszubauen. So bilden sich Vereine und Clubs, die der Gamer gerne auch als Communities und Clans bezeichnet.

LAN-Parties sind organisierte Treffen von Gamern, bei denen vorzugsweise einige wenige Spiele vernetzt in sogenannte Local Area Networks (kurz LAN, daher der Name) über alle Rechner der teilnehmenden Partygäste gespielt werden. Da bei diesen Treffen gerne auch einmal Games illegal kopiert wurden, hatten die Game-Publisher ein lachendes und ein weinendes Auge bezüglich LAN-Parties. Aus der Not eine Tugend gemacht, organisierte die Game-Industrie eigene LAN-Parties, die durch Sponsoren finanziert wurden und werden und bei denen die besten Gamer Preise am Ende des Tages gewinnen können.

Da bei vielen Spiele-Ideen ein Zusammenschluss von mehreren Spielern zu Einheiten, Gruppen und Teams bessere Erfolge im Spiel bringt, verfestigten Teams ihren Zusammenhalt durch die Bildung sogenannter Clans. Ein Clan kann aus wenigen Spielern oder auch größeren Teams mit 20 oder 30 Gamern bestehen. Dabei hat jeder einzelne Gamer sein favorisiertes Game und schließt sich mit anderen Clanmitgliedern zu Teams für Spielrunden, Wettbewerbe etc. zusammen. Spielaktionen, die koordiniert werden müssen, werden über Chatfunktionen oder TeamSpeak organisiert. Die Software für diese Funktionen ist heute in vielen Games standardmäßig enthalten.

2.3.2 E-Sport

Gamer sind wie alle Menschen daran interessiert, etwas zu erreichen, besser zu werden und sich mit anderen zu messen. Wer möchte nicht in der Highscore-Tabelle seines Lieblingsspiels ganz oben vertreten sein? Aus diesem Gedanken des Wettbewerbs heraus wurde 1983 in den USA das *U.S. National Video Game Team* als erstes professionelles Game-Team gegründet. Als Showeffekt und das eigene Können am Joystick präsentierend, zog diese Truppe durchs Land, wurde im US-amerikanischen Fernsehen vorgestellt, bekam einen Eintrag ins Guinnessbuch der Rekorde und spielte unter anderem auch bei der Weltmeisterschaft 1984 gegen Mannschaften aus Europa, die sich als Herausforderung gebildet hatten. Danach wurden verschiedene Weltmeisterschaften von unterschiedlichen Veranstaltern organisiert, wobei sich die Wettkampfdisziplinen ständig ausweiteten, das heißt, es wurden immer mehr Konsolen-Gametitel bei den Wettkämpfen gespielt.

Die Subventionierung von Breitbandanschlüssen in Südkorea Mitte der 90er Jahre ließen PCs und das Gaming über Internetverbindungen ins Blickfeld der Gamer rücken. Das sogenannte *Progaming* gilt in diesem Zusammenhang als Wiege des professionellen E-Sports weltweit. In Europa gründete sich 1997 die *Deutsche Clanliga* (DeCL), woraus sich im Jahr 2000 die *Electronic Sports League (ESL)* entwickelte. Diese und die 1998 gegründete *Clanbase* sind bis heute die größten E-Sport-Vereinigungen in Europa. Die ESL beheimatet zurzeit etwa 690 000 Mitglieder, die in über 300 000 Teams spielen. Nach Presseberichten plant die Freenet AG für das dritte Quartal 2007 die Errichtung einer eigenen Game-Liga. Die Wettbewerbe, Mannschaften und die ESL selbst werden durch Sponsoringpartner finanziell unterstützt. Zu den wichtigen Partnern derzeit gehören Intel, Fujitsu-Siemens oder NGZ-Server.

Die besten Gamer bei den E-Sport-Veranstaltungen sind unter Ihresgleichen leibhaftige Stars, die wie berühmte Schauspieler oder Box-Champions geachtet werden. In Asien ist der Kult um Profi-Gamer besonders hoch. Doch auch in Europa gibt es Profis, die ihren Lebensunterhalt durch das Gaming und die Industrie drum herum verdienen. So kommen pro Team jährlich etwa 100 000 bis 150 000 Euro an Sponsorengeldern zusammen.

Die vorherrschenden E-Sport-Titel weltweit sind Counter Strike, StarCraft, WarCraft III, Quake III und Quake IV. In Deutschland werden zudem Sportspiele wie FIFA und Pro Evolution Soccer als auch Rennspiele wie Need for Speed intensiv gespielt. Insgesamt werden in deutschen Ligen etwa 90 Game-Titel innerhalb der ESL gespielt.

Vom 26. Oktober 2007 bis zum 3. November 2007 ist E-Sport erstmals eine Sportart der *Asien Indoor Games*. Die Zuschauerzahlen in Asien sind bei Übertragungen von E-Sport-Wettkämpfen mit europäischen Top-Sportereignissen vergleichbar: In Südkorea beispielsweise wird E-Sport von über 10 Millionen Menschen verfolgt. Über 100 000 Zuschauer sehen sich dort die Finalpartien von *StarCraft* an. Aber auch in Deutschland ist Gaming-TV mittlerweile ein Thema für die Mediaplanung, wie z. B. Giga TV. Das größte Spektakel im E-Sport und zugleich das mit den höchsten Preisgeldern sind die *World Cyber Games*. Diese finden seit dem Jahr 2000 jährlich statt, im Jahr 2007 vom 4. bis zum 7. Oktober in Seattle/USA.

2.4   Zusammenfassung der Nutzungsdaten

Vom Single-Player über Online-Gaming hin zu virtuellen Welten, das heißt vom Reagieren und Konsumieren hin zum Agieren und Gestalten – so hat sich das Gaming in etwa zwei Dekaden bei stetig steigenden Nutzerzahlen in allen Bevölkerungsschichten entwickelt. Und ein Ende dieser Entwicklung ist keineswegs absehbar, die von verschiedenen Komponenten getragen und gefördert wird:

- *Technische Entwicklung*: Die ständig zunehmende Leistungsfähigkeit der Hard- und Software macht Computergames immer realistischer und damit in ihrer visuellen und akustischen Qualitätsanmutung immer mehr zu einer Konkurrenz für Hollywood.

- *Konzeptionelle Entwicklung*: Je größer der Markt wird, umso mehr talentierte Drehbuchautoren, Zeichner und Programmierer wenden sich der Produktion von Games zu. Die Angebote werden anspruchsvoller und vielfältiger. Damit entstehen Games für jeden Geschmack. Jeder kann von diesem Medium fasziniert werden, es kommt nur auf das passende Angebot an.

- *Demographische Entwicklung*: Was vor 25 Jahren in Kinderzimmern und Spielhallen begann und seinen Siegeszug antrat, ist mittlerweile im Establishment als ein Element der Alltagskultur angekommen.

Medienkonsum beinhaltet Games

Der viel beschworene hybride (Medien-)Konsument des neuen Jahrtausends sieht also knapp über drei Stunden täglich fern, hört auf dem Weg von und zur Arbeit gerne Radio, liest Zeitschriften und Zeitungen, surft im Internet – und spielt.

---

3.   Meilensteine und Märkte

3.1   Die Entdecker bis in die 70er Jahre

Wie es in der Natur der Sache liegt, geht die Erfindung von E-Games einher mit der Entwicklung von Computern. Am 25. Januar 1947 wurde von *Thomas T. Goldsmith Jr.* und *Estle Ray Mann* ein Programm als Patent angemeldet, das auf einem sogenannten Röhrenrechner eine Raketensimulation darstellt. Dieses Programm gilt allgemein als erstes Computerspiel, obwohl im eigentlichen Sinne keine Computertechnologie (digital) verwendet wurde. Bekannter ist aber das im Jahr 1958 vom amerikanischen Physiker *William Higinbotham* erschaffene Spiel *Tennis for Two*. Es bestand aus einem analogen Computer und einem Oszillographen für die Visualisierung. Tennis for Two wird als erstes Videospiel angesehen. Ursprünglich wurden die Computer von Higinbotham dazu benutzt, um Flugbahnen von Bomben zu berechnen.

Noch in den 60er Jahren waren Computer in erster Linie ein Privileg von Universitäten und Forschungseinrichtungen. Games wie Spacewar, 1962 von Studenten und Mitarbeitern des renommierten *Massachusetts Institute of Technology (MIT)* entwickelt, wurden so zu Spielfeldern von Wissenschaftlern. Dieses Game gilt jedoch gleichzeitig als erster kommerzieller Erfolg eines E-Games.

Mit einer ersten Spielekonsole befasste sich der deutsch-amerikanische Fernsehtechniker *Ralph Baer*. Er entwickelte die Hardware *Odyssey* mit sogenannten *Home TV Games*, die an den heimischen Fernseher angeschlossen werden konnten. Das Patent dafür wurde 1968 erteilt, die ersten Spiele waren Titel wie Ping-Pong, Volleyball, Football und einige Schießspiele. 1970 wurde das Patent dieser frühen Spielkonsole vom US-amerikanischen Elektronikriesen *Magnavox* erworben und nach einigen Weiterentwicklungen ab 1972 im Handel vertrieben. 100 000 Exemplare gingen im ersten Verkaufsjahr über den Ladentisch, die Odyssey 2 erschien anschließend. Ralph Baer wird heute nicht nur von der Games-Industrie als Innovator gelobt und ausgezeichnet. 2006 bekam der Erfinder vom US-amerikanischen Präsi'denten George W. Bush die *National Medal of Technology* überreicht. Mitte 2007 wurde er während der LARA Night in der Kategorie *Hall of Game* mit der *LARA of Honour* ausgezeichnet. [10]

Obwohl der Erfolg im Vergleich mit den Werbekampagnen eher bescheiden ausfiel, wurde die Idee einer Spielekonsole, die an den heimischen Fernsehapparat angeschlossen werden konnte, auch von anderen Firmen aufgegriffen. Allen voran erschuf *Nolan Bushnell*, Gründer von Atari, das Videogame *Pong*. Die Idee war es, ein einfach zu verstehendes programmierbares Game zu erstellen. Der Ansatz von Ralph Baer wurde dabei aufgenommen und weiterentwickelt. Pong wurde zunächst nicht für den Heimbedarf, sondern als Automatenversion hergestellt, die in Eingängen von Kaufhäusern, Kantinen und öffentlichen Gebäuden aufgestellt wurde. Der Siegeszug der sogenannten Arcade-Games [11] begann. 1975 kam dann als Folge eines großen wirtschaftlichen Erfolges die Heimversion (Pong Home) in den Markt. Zuvor hatte Bushnell das „Studenten-Game" Spacewar als Automatenversion mit dem Namen *Computer Space* konstruiert, aber ohne wirtschaftlichen Erfolg. Pong fand ab 1973 viele Nachahmer, und selbst Atari ging mit einigen unterschiedlichen Versionen an den Markt. 1975 produzierte die Firma *Midway* den Spieleautomaten Gun-Fight. Für dieses Spiel wurde erstmals in der Geschichte der Videospiele ein Mikroprozessor verwendet. Im gleichen Jahr veröffentlichte Don Woods das erste Adventure-Game mit dem bedeutenden Namen *Adventure*. Die erste Debatte um Gewalt in Computer-spielen wurde 1976 mit dem Game *Death-Race* entfacht. Daraufhin wurde das Spiel aus dem Markt genommen.

1978 wurde von Toshihiro Nishikado das Arcade-Game *Space-Invaders* geschaffen. 1979 erfolgte die Veröffentlichung auf der bis dahin eher schleppend angenomme-nen Heimkonsole *Atari 2600* und damit war der Siegeszug heimischer Videospiele nicht mehr zu stoppen. Es folgten bis Ende der 90er Jahre viele Ableger und sogar eine eigene Version für Angestellte von Coca-Cola: *Pepsi Invaders*, sozusagen als Anti-Adgame. 2005 erschien Space-Invaders als mobile Variante für unterschiedli-che Mobiltelefon-Modelle. 1979 gelang Atari ein weiterer Coup mit dem Verkauf von 70 000 Automaten mit dem Game *Asteroids*. 1979 wurde das Spiel *Ultima* ver-öffentlicht, damals geschrieben von den texanischen Studenten Richard Garriot und Ken Arnold. Noch heute ist Ultima-Online, das 1997 veröffentlicht wurde, eines der größten Online-Spielesysteme.

Die Entwicklung von Online-Games entsprang einer Idee an der Universität Essex (Großbritannien). 1979 schrieben Richard Bartle und Roy Trubshaw ein Programm, auf das alle vernetzten Computer der Universität zugreifen konnten. Dieses reine Textadventure mit dem Namen *MUD* (Multi User Dungeon) funktionierte lediglich durch die Eingabe von Textnachrichten wie z. B. „walk north, fight dragon, take gold". 1984 wurde das Game von den Erfindern über Onlineverbindungen der Öf-fentlichkeit zugänglich gemacht und fand eine große Fangemeinde. 1985 erschien *MUD 2*, beide Versionen können auch heute noch gespielt werden.

3.2   Heimkonsolen versus Computergames

Die 80er Jahre waren geprägt von der Ausbreitung des Home- oder Personal-Computers (PC). Mit der Markteinführung des Commodore C64 im Jahr 1982 als Nachfolger des VC20 entstand ein Computer, der eine hervorragende Mischung aus vollwertigem Computer und leistungsstarker Spielekonsole darstellte. 1983 wurde der Markt mit vielen eher schlechten Games für Videokonsolen überschwemmt, gleichzeitig erkannten die Gamer, dass der Computer vielfältiger anzuwenden und technisch ausgereifter war und die Spiele besser zu kopieren waren. Dadurch kam es in der westlichen Welt zu einem Zusammenbruch der Videospiele-Industrie und zu einem Aufstieg der Computer-Games. In Asien verlief die Entwicklung jedoch anders: Nintendo läutete hier eine neue Ära der Videospiele ein, Computer verbreiteten sich hier längst nicht so rasant wie im Westen. Die Nintendo-Konsole wurde erst im Jahr 1986 für den amerikanischen Markt angepasst und unter dem Namen *Nintendo Entertainment System (NES)* vertrieben. Die Verkäufe verliefen zufrieden stellend und im Jahr 1987 kam die Konsole auch nach Europa. Die Veröffentlichung von *Super Mario Bros.* im Jahr 1986 in den USA löste dann die „Nintendomania" aus und eine neue Ära der Videospiele begann. Mario und Luigi wurden zu den Hauptfiguren in den Nintendo-Games.

Das bekannteste Videospiel mit dem Namen *PacMan* entstand jedoch schon im Jahr 1980 und wurde von der Firma Namco zuerst in Japan unter dem Namen Puck-Man entwickelt und veröffentlicht. Die Spiele-Idee entstand als Alternative zu der Vielzahl an Arcade-„Ballerspielen". Da der Begriff „Puck-Man" aber als Aufschrift auf den Spieleautomaten leicht in „Fuck-Man" abgeändert werden konnte und wurde, änderte man kurzerhand den Namen in PacMan. Im Jahr 1980 entstand mit dem Computerspiel *Mysteria House* das erste Adventure-Game, das neben Text auch erste Grafikelemente enthielt. Das erste Adventure-Game mit einer aufwendigeren Farbgrafik wurde im Jahr 1984 mit *King's Quest* von Sierra veröffentlicht. Nun folgten weitere Games mit wichtigen Grafikelementen wie z. B. *Summer Games* von Epyx, das zu den Olympischen Sommerspielen 1984 in Los Angeles erschien. Wichtige Grafik-Adventure-Titel im folgenden Jahr waren die bekannten Games *Space Quest*, *Leisure Suit Larry* und *Indiana Jones*.

Der Spielehit des Jahres 1981 war weltweit das von Nintendo entwickelte und vertriebene Game *Donkey Kong*. Im gleichen Jahr entwickelt IBM seinen ersten Computer.

Das Jahr 1985 gilt als die Geburtstunde von virtuellen Welten, in denen man sich als Avatar begegnen konnte. Das für Science Fiction bekannte Unternehmen *Lucas Arts* entwickelte ein Online-Game mit dem Namen *Habitat*. In diese „Wohnung" konnte man allerdings nur mittels eines Commodore C64 eintreten und ausschließlich innerhalb des unternehmenseigenen Netzwerkes von Quantum Link. Aus diesem Unternehmen ging im Jahr 1988 *America Online (AOL)* hervor. 1989 erschienen mit dem *Gameboy* und dem *Atari Lynx* die ersten Handheld-Konsolen im Markt.

Die Computertechnologie entwickelte sich in den 80er Jahren zur Vormachtstellung von IBM mit dem von Microsoft entwickelten Betriebssystem DOS. Commodore und Atari verfolgten jedoch weiterhin ihre eigenen Systeme, gingen aber bald in die Insolvenz. Für Computerspieler war der IBM kompatible PC ab 1995 die Standardausrüstung. Heute ist Apple die einzige Konkurrenz zu IBM, auf dem Spielesektor jedoch recht unbedeutend. Apple mit dem Betriebssystem Mac OS wird in erster Linie für professionelle Anwendungen wie Grafikbearbeitung verwendet.

3.3   Die 90er Jahre

Wieder ist es Lucas Arts, die einen Schritt weiter in Richtung moderner Computerspiele gehen und 1993 mit *Rebel Assault I* das erste Computerspiel in den Markt bringen, das ausschließlich auf CD-ROM erhältlich ist. Thematisch orientiert sich das Game an den Star Wars Filmen. Erstmals waren in einem Game Filmsequenzen zu sehen, und die Grafik war wegen des Speichermediums CD-ROM für damalige Zeit atemberaubend. Im gleichen Jahr erscheint mit *Doom* ein Ego-Shooter und „Killerspiel", das diesem Genre zum Durchbruch verhalf. Doom wurde von ID-Software als Nachfolger von *Castle Wolfenstein* entwickelt, das in Deutschland wegen Verwendung nationalsozialistischer Symbole verboten wurde. 1993 kam auch der erste Pentium-Prozessor in den Markt.

Im Konsolenmarkt etablieren sich in der ersten Hälfte der 90er Jahre die sogenannten 16-Bit-Konsolen *Super Nintendo Entertainment System (SNES)* und der *Sega Mega Drive*. Verbesserter Sound und Grafik waren die Vorteile dieser Konsolen gegenüber den Vorgängern. Sega brachte zudem mit dem *Game Gear* einen neuen Handheld in den Markt. Die Verbreitung von Games auf CD-ROM führte dazu, dass Game-Publisher einen Game-Titel oft für beide Hardwaretypen (PC und Konsole) anbieten konnten und die Systeme dementsprechend in Bezug auf die Games näher zusammen rückten.

Die wichtigste Entwicklung im Games-Markt ist Mitte der 90er Jahre wohl die Entwicklung der grafischen Darstellung von 2D auf 3D. Möglich machten es die Konsolen *PlayStation* und *Sega Saturn*. *Nintendo 64* und *Sega Dreamcast* folgten mit der 3D-Technik on board. PCs zogen ab 1996 mit 3D-Beschleuniger-Grafikkarten nach. Vorteil dieser 3D-Grafik war, dass der Blickwinkel auf die Spieleumgebung beliebig verändert werden konnte. *Everquest* von Sony war das erste MMORPG [12] mit einer frei drehbaren und stufenlos zoombaren Perspektive. Noch heute ist das eine der wichtigsten Eigenschaften von Online-Rollenspielen, und Everquest gilt als erstes modernes Game dieser Machart. Zu diesem Spiel baute sich schnell eine Fangemeinde auf, die Informationen zum Game in Datenbanken sammelte. Diese Fanbase und das Erscheinen regelmäßiger Spiele-Erweiterungen sind bis heute ein wichtiger Bestandteil von MMORPGs.

Die PlayStation von Sony kam im Jahr 1994 als erste 32-Bit-Konsole in den Markt. Ein Jahr später erschien die Konsole auch in Europa. Wegen des großen Spieleportfolios für die PlayStation hatte Sony einen großen Erfolg, der sich auch auf die starke Leistungsfähigkeit dieser reinen Spielkonsole begründete. Die Spiele der PlayStation waren in den Jahren 1994 und 1995 den Computerspielen in Grafik und Performance weit überlegen. 1999 erfolgte ein Relaunch der Sony PlayStation. Insgesamt wurden die beiden Versionen weltweit über 100 Millionen Mal verkauft. Die erfolgreichsten Spielserien auf der PlayStation waren *Final Fantasy*, *Mortal Combat* und *Tekken*.

Eine wichtige Entwicklung der 90er Jahre ist auch die Netzwerkfähigkeit der PCs. Vorher waren die Mehrspieler-Modi auf zwei Spieler bei PCs bzw. vier Spieler beim Nintendo 64 begrenzt. Diese Netzwerkfähigkeit brachte die ersten Strategie- und Rollenspiele zu Tage, die mit zehn oder mehr Personen über ein Netzwerk oder online gespielt wurden. 1998 erschien mit dem *Dreamcast* von Sega eine neue Konsolengeneration, die aber mit insgesamt 10 Millionen verkauften Exemplaren nicht den gewünschten Erfolg brachte. Danach bestimmten die PlayStation 2, der Gamecube und die XBOX den Markt der Konsolen.

Der Siegeszug der Arcade-Games aus den 70er und 80er Jahren wurde ab 1996 gebremst. Das Game-Genre der schnellen Geschicklichkeitsspiele wurde zwar weiterhin intensiv gespielt, aber ab jetzt mehr auf den heimischen PCs. Die sogenannten Spielhallen oder Spielhöllen, die bis dato ein gutes Auskommen mit den Arcade-Games hatten, mussten jetzt auf aufwendigere Spielgeräte ausweichen, um ihren Kunden etwas Besonderes zu bieten. Heute stehen Nachbildungen von Formel-1-Rennwagen mit Monitoren und Rudergeräte in den Spielhallen, bei denen der Gamer durch die beweglichen Gerätschaften nicht nur einen visuellen, sondern auch einen körperlichen Spielspaß erlebt.

3.4   Das 21. Jahrhundert

Im Jahr 2000 erschien die PlayStation 2 (PS2) und verkaufte sich bis heute über 90 Millionen Mal weltweit. Für Sony war das nach der ersten PlayStation wieder einmal ein großer Erfolg. Die PS2 besaß erstmals ein DVD-Laufwerk, USB-

Steckplätze und einen Netzwerkadapter und wurde damit einem PC immer ähnlicher. Die Fortführung von Spieletiteln der PS für die PS2 brachte viele Gamer dazu, sich die PS2 anzuschaffen. Technische Neuerungen wie *EyeToy* erschlossen neue Kundengruppen. Weit über 2000 Gametitel sind heute für die PS2 erhältlich. Der Erfolg der PlayStation ließ Microsoft im Jahr 2001 eine eigene Spielkonsole mit dem Namen XBOX in den Markt bringen. Auch Nintendo zog in diesem Jahr mit dem Nintendo Gamecube und dem Nintendo *Gameboy Advance* nach. Die XBOX hatte eine 8-GB-Festplatte integriert und glich einem reduzierten PC. Weltweit wurden über 15 Millionen Konsolen der XBOX verkauft, vom Nintendo Gamecube gingen bisher etwa 22 Millionen Einheiten über den Ladentisch. Im Jahr 2001 erschien mit *Phantasy Star Online* das erste MMORPG für Videokonsolen. Sega zeigte hiermit, wie erfolgreich die Onlineanbindung von Konsolen sein kann. Ab dem Jahr 2002 verfügten alle Konsolenmodelle über einen Breitbandanschluss.

Die erfolgreichste Konsole weltweit ist bisher der Nintendo *Gameboy Advance* mit über 120 Millionen verkauften Einheiten. Dieser Handheld ist als Zusammenspiel mit dem Nintendo Gamecube entwickelt, das heißt, über ein Verbindungskabel gibt es Daten-Austauschmöglichkeiten zwischen den Konsolen. Bis heute ist dieser Handheld nahezu konkurrenzlos am Markt. 2002 erschien als Nachfolger die Version *Advance SP* mit Hintergrundbeleuchtung und einem Akku zur Stromversorgung. Nokia brachte im Jahr 2003 mit dem Modell *N-Gage* ein Gerät auf den Markt, das Spielkonsole, PDA und Mobiltelefon in einem war. Mit diesem Gerät war ein 3D-Rendering in Echtzeit möglich. Wegen des vergleichsweise hohen Preises und der geringen Anzahl an Spielen blieben die Abverkäufe hinter den Erwartungen zurück. Ähnlich erging es dem 2005 eingeführten Hybrid-Gerät *Gizmondo*.

Im Jahr 2005 wurde mit der *XBOX 360* von Microsoft die neue Generation der Spielekonsolen eingeläutet. MTV übertrug die Einführung in den Markt am 12. Mai 2005 weltweit. Die Idee eines Online-Dienstes „Microsoft Live" als kostenpflichtiges Portal für die XBOX 360 wurde 2006 von Nintendo für die Wii und 2007 von Sony für die PlayStation 3 (PS3) umgesetzt. Im gleichen Jahr erschien die Sony PlayStation Portable (PSP) in Europa (ein Jahr später als in Asien) und auch das Gaming für Mobiltelefone erlebte technische Neuheiten. So werden heute Nvidia- und ATI-Grafikchips zunehmend verwendet, was Mobiltelefone zu vollwertigen Spielkleinkonsolen aufsteigen lässt. Die N-Gage-Technologie hält ebenso Einzug in handelsübliche Mobiltelefone. Erfolgreich zeigt sich auch die Einführung des 2 Screen *Nintendo DS*. Ende 2006 erschien die Nintendo Wii als neues Konsolenkonzept in Bezug auf die Controlling-Einheit. Mittels Infrarot- und Bewegungssensoren werden die Bewegungen des Controllers auf das Game projiziert. Dadurch wird der Controller zum Golf- oder Tennisschläger mit den tatsächlichen Bewegungen wie in der Realität. Durch diese interessante Spielweise konnte Nintendo neue Kundenkreise gewinnen, auch unter den vorherigen Nichtspielern. Seit der Markteinführung konnte Nintendo allein in den USA 2,5 Millionen Einheiten verkaufen. Im März 2007 erschien die PlayStation 3 in Europa. Der hohe Preis von 699 € wird von Sony in erster Linie durch die neuen Blu-ray-Laufwerke verargumentiert. Preisanpassungen sind allerdings noch für das Jahr 2007 zu erwarten.

Die Entwicklung von Online-Games im 21. Jahrhundert ist gekennzeichnet durch neue virtuelle Umgebungen. Bis zum Jahr 2001 wurden MMORPGs fast ausschließlich in Fantasiewelten mit Fabelwesen, Drachen und mittelalterlichem Erscheinungsbild gespielt. Dann erschien *Anarchy Online*, das auf fernen Planeten spielt. *Eve Online* aus dem Jahr 2003 bescherte dem Gamer Raumschiffe, mit denen er sich das Weltall nun als Wirkungsraum eroberte. Das Entdecken von fremden Planeten, Handel und Schlachten mit und gegen fremdartige Wesen schickten den Gamer auf eine intergalaktische Spielreise. Die Möglichkeiten zum Zusammenschluss von Gamern zu Gemeinschaften (Corporations) förderten den Community-Gedanken. Im Jahr 2002 erschien der Online-Ableger von *Final Fantasy*. Damit wurden die Grundsteine dafür gelegt, dass heute ab der Version Final Fantasy XI systemübergreifend gespielt werden kann. Gamer können sich mit den verschiedenen Systemen (PC, PS2, XBOX 360) auf den gleichen Servern anmelden und gegeneinander oder miteinander spielen. Final Fantasy verzeichnet regelmäßig fast 600 000 gleichzeitige Nutzer.

Die Ideen eines MMORPGs griffen auch die Entwickler von Linden Lab auf und veröffentlichten im Jahr 2003 den Client zu Second Life. Die Idee war es, dem User Werkzeuge an die Hand zu geben, damit dieser eine virtuelle Welt selbst gestalten konnte. Personalisiert wird der Gamer durch seine Spielfigur (Avatar). Diese sogenannte virtuelle Welt unterscheidet sich von einem Computerspiel im herkömmlichen Sinne durch die fehlende Reaktion des Programms. In Second Life wird nicht gegen generierte Feinde gekämpft, es gibt auch keine Erfahrungspunkte oder Waffen. Der User erschafft mittels seines Avatars Gebäude, richtet eine Wohnung ein, geht einem Beruf nach. Das Computerprogramm schickt den Gamer auf keine Abenteuerreise und stellt auch keine Herausforderungen. Der Gamer stellt sich die Aufgaben wie im richtigen Leben selbst, muss sich Geld für Besitz verdienen, kann rege kommunizieren oder auch vereinsamen und mit anderen Avataren agieren.

Online-Games gelten seit dem Jahr 2004 als Massenmedium. Besonders erfolgreiche Games sind *Ragnarok Online*, *World of Warcraft (WoW)* oder *Guild Wars*. WoW verzeichnete Mitte 2007 inklusive der Anfang 2007 erschienenen Erweiterung *The Burning Crusade* weltweit über 8,5 Millionen Kunden. [13]

4.   Inszenierung und Implementierung

In diesem Kapitel beschäftigen wir uns mit den Inszenierungsmöglichkeiten im Bereich In-Game Advertising. Wir erörtern mögliche Formen wie Product Placement und Bandenplatzierungen, aber auch Unterschiede, die zwischen reinen Werbespielen und Spielen mit Werbung liegen. Ein wichtiges Thema ist die Unterscheidung zwischen Implementierungsarten, die als fester Bestandteil eines Games oder auch in dynamischer und somit flexibler Form geschehen kann. Anhand des Beispiels Second Life betrachten wir sogenannte Virtuelle Welten – Online-Programme, die eine Kombination aus Games und Web 2.0 darstellen und vielleicht das zukünftige Internet bestimmen. Zum Schluss dieses Kapitels werden wir uns mit den rechtlichen Gegebenheiten bezüglich der Werbung in Computer- und Videospielen auseinandersetzen.

4.1   Adgames, DIGA und SIGA

4.1.1   Adgames oder Werbespiele

Adgames oder auch Werbespiele genannt sind Computerspiele, die im Auftrag eines Werbekunden erstellt oder, bei bereits existierenden Games, an die Anforderungen des Werbekunden angepasst werden. Diese Anpassungen bestehen vor allem aus Integrationen von Logos, Produktbildern, Gewinnspielen oder 3D-Produktabbildungen des Kunden in die Games. Game-Entwickler bzw. Game-Publisher vergeben die Lizenz zum Vertrieb des Adgames an den Werbekunden. Dieser kann das Game dann kostenlos an seine Zielgruppe abgeben oder auch verkaufen. Ähnlich wie bei anderen Werbemitteln sind Adgames insbesondere dazu geeignet, eine Marke oder ein Produkt zu präsentieren. Adgames sind demnach ein Kommunikationsmittel und werden häufig als Give-aways auf Messen, bei Promotionaktionen etc. verteilt. Ver-

schiedentlich dienen sie auch als Beilage zu Produkten des Werbekunden, beispielsweise könnte eine Racing-Game-CD als Beilage zu einem Computer gelegt werden,
oder anstelle eines Bierglases zum Kasten Radler kann ein Adgame in Form eines
Beach-Volleyballspiels ausgeliefert werden – vielleicht sogar in Form einer Check-
karte, bedruckt mit Logo und Bild des Radler-Bierkastens.

Den Umsetzungsmöglichkeiten von Adgames sind kaum Grenzen gesetzt. Nahezu
jede äußere Form kann umgesetzt werden. Damit jedoch auch der Großteil der
CD/DVD-Player die Daten lesen können, sind einfache runde Formen zu bevorzugen (12 cm, 8 cm Mini-Disk). Besondere Formen wie Checkkarten, Sterne und weitere erdenkliche Figuren verfehlen ihre optische Wirkung nicht, es kann jedoch zu
Leseproblemen bei dem einen oder anderen CD/DVD-Laufwerk kommen. Die Verpackung von Adgames kann ebenso frei gestaltet werden. Üblich sind einfache
Pappverpackungen bis hin zur aufwendigeren DVD-Box, die dann wiederum mit
allen erdenklichen Motiven bedruckt werden kann.

Für viele Aktionen macht es Sinn, dem Zielkunden das Adgame physisch in Form
einer CD oder DVD zu überreichen, häufig wird aber auch die reine Online-Variante
von Werbekunden gewählt. Diese findet der anzusprechende Zielkunde dann auf der
Website oder Produktsite des Werbekunden im Internet. Wie bei anderen Online-
Games sind hier Browser- oder Flash/Javagames denkbar oder Games, die aus dem
Internet geladen werden müssen, da sie in einem eigens programmierten Client erstellt und gespielt werden.

Die Wahl des Vertriebsweges eines Adgames (physisch und/oder online) ist immer
von der zu verfolgenden Strategie und den zu erreichenden Zielen abhängig. Online-
Games sind insbesondere dazu geeignet, die Aufmerksamkeit des Gamers für einen
langen Zeitraum auf die Werbebotschaft zu richten und den Traffic auf der Website
mit dem Game zu erhöhen. Offline-Games auf CD-ROM/DVD oder als Download-
Version dienen eher zur Imagepflege oder zur Produktvorstellung. Natürlich können
auch Dienstleistungen oder nicht-kommerzielle Organisationen in Adgames ein
geeignetes Tool zur Kommunikation finden. Die Generierung von Adressen und
Userdaten ist ein wichtiges Ziel von Adgames, das besonders bei Online-Games
beste Ergebnisse geliefert hat. Der Zielkunde erhält dabei einen Code über einen
gewählten Kanal, zum Beispiel auf einer Produktverpackung, und kann diesen Code
im Internet auf einer Microsite eingeben, um an das Online-Game zu gelangen. Dadurch erhält der Werbekunde erste Daten in Form eines Response über den Produkt-
code. Als zweiten Schritt muss der Zielkunde, also der potenzielle Gamer, sich auf
der Internetseite oder in der Startmaske des Online-Games registrieren, um das
Gameplay frei zu schalten. Der Werbekunde erhält hiermit Userdaten, die für weitere Marketingmaßnahmen und zu statistischen Zwecken benutzt werden können.

Abbildung 4: *Werbemittel – Frisbee-Scheibe mit integrierter Game-CD-ROM*

Ein interessantes Beispiel für die physische Verbreitung von Adgames ist ein Projekt der Rollei GmbH, Anbieter für Fototechnik, zur Games Convention in Leipzig. Zur Promotion eines neuen mp3-Players in der Zielgruppe der 14- bis 29-Jährigen war die Ansprache von Computerspielern Teil der Strategie. Rollei lizenzierte ein Beach-Volleyball-Game und integrierte den zu promotenden mp3-Player als Bild und das eigene Logo an verschiedenen Stellen im Game. Da es sich hierbei um ein bereits fertig entwickeltes Game handelte, waren die Einbindungsmöglichkeiten der Marke und des Produktes sehr beschränkt, z. B. waren Formen des Product Placement hier nicht mehr zu adäquaten Kosten möglich. Die CD-ROM mit dem Game wurde in Frisbee-Scheiben integriert, welche dann in hoher Auflage bei Veranstaltungen des Game-Publishers auf der Games Convention in die Besuchermenge geworfen und am Stand ausgelegt bzw. durch Hostessen verteilt wurden (vgl. Abbildung 4). Zur Förderung eines „coolen" und „hippen" Images mit Summer-Feeling war die Aktion bestens geeignet.

Schöne Beispiele für Online-Adgames findet man auf der Startklar-Internetseite von Volkswagen unter http://www.volkswagen-startklar.de/games-fun/index.html. Bei einem virtuellen Wüstenrennen dient hier der VW-Touareg als Fahrzeug (vgl. Abbildung 5). Diese Art von Java- oder Flash-Games sind in der Regel schnell zu erlernen und bieten in der Mittagspause schnellen Spielspaß. Ziel für den Benutzer ist es, seinen Highscore zu erhöhen, in der Rangliste nach oben zu klettern und die nächsten Level zu erreichen. Der Anbieter erreicht mit diesen Games, dass der Benutzer die Marke vor Augen hat und sein Erfolgserlebnis beim Gaming auf die Marke überträgt. Dabei ist jeder persönliche Highscore schon ein Erfolgserlebnis.

Quelle: Volkswagen
Abbildung 5: *Online-Adgame von Volkswagen*

Adgames sind bereits seit vielen Jahren Teil von Marketing- und PR-Strategien. Als eines der ersten Adgames wurde 1994 *Cool Spot* bekannt. In diesem Jump'n Run-Game ist das Maskottchen der Getränkemarke *7up*, ein roter Ball mit Sonnenbrille, der Protagonist. Im Gegensatz zu den heute meist kostenlosen Adgames wurde Cool Spot jedoch als Vollpreistitel verkauft. Die Adgame-Szene kann also auf längjährige Erfahrungen zurückblicken. Werbung mit Adgames wird auch als Advertainment bezeichnet und kann in drei Formen untergliedert werden:

1. *Assoziatives Advertainment:* Besonders zur Steigerung einer Markenbekanntheit geeignet. Dabei wird eine zu bewerbende Marke mittels Logo oder Produktbild beworben. Es findet aber keine Implementierung im Sinne eines Product Placement statt. Das oben genannte Beispiel der Rollei GmbH oder auch das berühmte Game Moorhuhn gehört zu dieser Form. Im Moorhuhn ist Johnny Walker als Label vertreten, aber der Whisky wird weder von einem Moorhuhn noch vom virtuellen Schützen getrunken.

2. *Illustratives Advertainment:* Diese Form ist zur Steigerung einer Produktbekanntschaft besonders geeignet. Der Gamer tritt hierbei in Interaktion mit dem Produkt, ohne die Details eines Produktes näher kennen zu lernen. Zum Beispiel fährt der Zielkunde in einem Rennspiel ein bestimmtes Markenfahrzeug oder verwendet beim virtuellen Torwandschießen ausschließlich den Ball des Werbekunden. Das oben genannte Online-Spiel zum VW-Touareg gehört zu diesen illustrativen Adgames.

3. *Demonstratives Advertainment:* Bei diesen Adgames sollen den Gamern die Eigenschaften eines Produkts näher gebracht werden. Dies geschieht während des Spielverlaufs, z. B. von Level zu Level oder durch Kommentare zu dem Produkt während des Gamings. Das bekannteste Beispiel eines demonstrativen Advertainments ist wohl die Umsetzung für den Sportartikelhersteller Nike. Hierbei wurde ein aufwendiges Slam-Dunk-Spiel kreiert, das die Eigenschaften des Nike Shox Basketballschuhs vermitteln sollte. Der Gamer kann in diesem Spiel in die virtuelle Spielfigur des US-Basketballstars Vince Carter schlüpfen und erfährt beim Gaming allerhand über den neuen Basketballschuh. Neben der Produktdarstellung in diesem Online-Adgame konnte Nike zusätzlich Daten zu den Präferenzen der Gamer in Bezug auf Basketballschuhe sammeln.

Da demonstrative Adgames in der Regel für ein Produkt neu entwickelt werden müssen, sind diese Adgames allgemein die teuerste Variante. Bei den assoziativen und illustrativen Adgames kann unter Umständen auf bereits existierende Games zurückgegriffen werden. Die Anpassung bestehender Games an Kundenwünsche ist durchschnittlich wesentlich weniger aufwendig als eine komplette Neuerstellung.

4.1.2   Statisches In-Game Advertising (SIGA)

Quelle: Atari Deutschland
Abbildung 6:   *Ferrari im Game Test Drive Unlimited von Atari*

Die Platzierung einer Marke in einem Computer- oder Videospiel ist heute bei Genres wie Sportspielen nichts Ungewöhnliches. Durch die technischen Fortschritte bei der Performance der Games und besonders bei der grafischen Darstellung sind Marken in virtuellen Welten, die eine Realität simulieren, wohl platziert, denn sie tragen zur Authentizität der virtuellen Umgebung bei. Einige Game-Publisher sind aus diesem Grund schon vor vielen Jahren dazu übergegangen, reale Produkte und Marken in die Games zu integrieren. In Game-Klassikern wie Need for Speed von Electronic Arts sind tatsächlich vorhandene Automodelle mit vielen Details bis hin zum

Fahrverhalten integriert. Der Gamer wählt sein Traumauto, um gegen die Konkurrenz zu bestehen bzw. findet erst durch das Game zu seinem Traumfahrzeug. Ebenso strotzt Test Drive Unlimited von Atari vor PS-starken Boliden.

Noch bis in das 21. Jahrhundert hinein waren Game-Publisher in der Situation, einen Markenhersteller um Freigabe eines Logos oder Produktbildes für die Platzierung in einem Game bitten zu müssen, zum Teil mussten sogar Gegenleistungen für den Gebrauch von Marken seitens des Game-Publishers geleistet werden. Games wurden sowohl von Publishern als auch von Markenherstellern nicht als Medium für Markenkommunikation gesehen, sondern als Freizeit-Tool, das möglichst realistisch dargestellt werden sollte. Dennoch können auch diese Markenintegrationen als eine frühe Form von In-Game Advertising bezeichnet werden, obwohl die Implementierungen nicht als Werbebotschaften wie in anderen Medien vom Markenhersteller bezahlt wurden. Die Wirkung von Marken in Games, wenn sie denn passend platziert waren, verfehlte den Gamer nicht, und Games mit Markenplatzierungen avancierten schnell zu Bestsellern. Mit der Jahrtausendwende wurden immer häufiger Inhalte von Werbekunden als sogenannte Add-ons zu Games bereitgestellt. Diese Add-ons waren z. B. gesponserte Bereiche eines Games, die zusätzliche Level oder Rennstrecken boten und vom Gamer über bestimmte Kanäle wie die Website des Sponsorpartners bezogen werden. Ob nun diese Art von In-Game Advertising als Adgame (siehe Kapitel 4.1.1) bezeichnet wird oder nicht, sei dahingestellt. Auf alle Fälle handelte es sich bei dieser frühen Form von Markenimplementierungen in Games um statisches In-Game Advertising oder auch SIGA genannt. Generell ist heute mit statischem In-Game Advertising gemeint, dass Werbemittel fest in ein Computerspiel installiert werden und dort für die komplette Nutzungsdauer verbleiben. Dies geschieht in der Regel während der Entwicklung des Games, das dann mit den statischen Werbebotschaften vertrieben wird.

Der Unterschied zu einem Adgame dabei ist, dass der Game-Publisher grundsätzlich beabsichtigt, mehrere Marken in das Game einzubinden, und die Kontrolle zum Thema des Games und zum Vertrieb des Games komplett beim Game-Publisher liegt. Der Werbekunde nutzt damit wie bei anderen Medien lediglich die Plattform, um seine Marke oder sein Produkt dort zu implementieren. Ein frühes Beispiel aus Deutschland ist die Integration der Marken *Cab* und *Krombacher* in das Fußball-Manager-Game *Anstoss 2005* (siehe Abbildung 7). Hier wurden Logos und Produktbilder dieser Marken im Startmenü, auf Stadionbanden, in der virtuellen Verbandszeitung etc. platziert.

Abbildung 7: *Markenplatzierung von Cab und Krombacher als statisches In-Game*
              Advertising im Fußball-Manager Anstoss 2005

SIGA hat sich bis heute nicht als relevante Werbeform im Mediamix etabliert. Die
Gründe hierfür sind vielfältig und auch in der Gamingbranche selbst zu finden:

▨ Die professionelle Gamingbranche ist im Vergleich zu anderen Medien (TV, Print,
  Hörfunk, Online) noch sehr jung und unterliegt ständig neuen technischen Herausforderungen, die mit der Entwicklung der Hardware (PC, Konsolen, Handheld
  etc.) einhergeht. Game-Entwickler und Game-Publisher haben ihren Fokus deshalb auf die Entwicklung und Distribution der Games gelegt und verfolgten zusätzliche Business-Konzepte nur am Rande.

▨ Der Bereich Business Development organisiert sich erst seit vergleichsweise wenigen Jahren im Marketing der Games-Unternehmen. Auch die Marketingabtei-
  lungen selbst haben oft mit ihrem Tagesgeschäft alle Hände voll zu tun, als dass
  neue Businessmodelle konzipiert und getestet werden können.

▨ Die Marketingbudgets der Gamesindustrie sind oft im Vergleich mit Unternehmen
  ähnlicher Größe anderer Branchen sehr klein. Forschungsprojekte zu den Zielkunden oder zu In-Game Advertising werden nur mit sehr geringem Aufwand be-
  trieben. Doch ohne handfeste Daten zu Zielgruppen, Reichweiten, und Werbewirkungsforschung hält sich die werbetreibende Industrie zurück und investiert hier
  zunächst nicht oder sehr zurückhaltend. Besonders in Deutschland ist diese Zurückhaltung aufgrund mangelnden Datenmaterials zu beobachten.

Ein weiterer Grund für die Zurückhaltung der werbetreibenden Industrie bei der
Buchung von Werbeplätzen im Bereich SIGA sind zudem mangelnde Kenntnis des
Mediums und die über einen langen Zeitraum fest implementierten Werbemittel.
SIGA ist eine Werbeform in Offline-Games bzw. Offline-Bereichen von Games, das

heißt, diese Spiele oder die relevanten Spielebereiche werden vom Gamer mit dem Computer bzw. das Game-Programm als Gegner oder über vernetzte Rechner gegen andere Spieler gespielt. Eine Anbindung an das Internet, wodurch ein Wechsel des Werbemediums stattfinden könnte (vgl. Kapitel 4.1.3), existiert hierbei nicht. Dadurch ergeben sich Einschränkungen, die bei einer Werbeintegration mit berücksichtigt werden müssen:

- Ein Werbemittel, z. B. ein Bild an einer Bande, ein Spot im virtuellen Screen oder ein Produkt im Spiel wird bei der Programmierung des Spiels fest eingebunden und kann nach Auslieferung des Spiels nicht mehr ausgetauscht oder verändert werden. Da ein Game unter Umständen mehrere Jahre im Handel erhältlich ist, kann eine Kampagnenwerbung für einen begrenzten Zeitraum als nicht geeignet ausgeschlossen werden.

- Die Werbeimplementierungen müssen während der Spiele-Entwicklung mit berücksichtigt werden. Da die Entwicklung sich über ein oder mehrere Jahre erstrecken kann, muss die Markenintegration mehrere Monate vor Release des Games abgewickelt sein.

Diese Reglementierungen machen die Werbeform SIGA recht unflexibel und abstimmungsintensiv. Auch gibt es keine Standards in der Preisgestaltung, was für viele Werbetreibende die Undurchsichtigkeit dieser Werbeform fördert und einige Game-Publisher schlicht überfordern kann. Die Bezahlpraxis richtet sich in der Regel nach dem Abverkauf, also den Nettokontakten, wobei die Raubkopien nur geschätzt und nicht valide mit einberechnet werden können. Nach unseren Erfahrungen liegen die Preise für SIGA in Deutschland bei 0,50 € bis 2,00 € pro abverkauftem Game. Diese Spanne ist durch die verschiedenen Arten der Implementierung zu erklären und durch die Qualität des Games und der erzielten Kontakte.

Nachteile des statischen In-Game Advertising (SIGA)

Die Werbemittel sind fest implementiert und können nicht nachträglich ausgetauscht oder herausgenommen werden. Die Inszenierungen der Werbung müssen während der Spiele-Entwicklung geplant und umgesetzt werden. Dadurch ergeben sich Vorlaufzeiten von mehreren Monaten von der Umsetzung bis zur Veröffentlichung. Die Reichweiten können nur als Netto-Reichweiten gemessen werden.

Trotz der genannten Reglementierungen und Nicht-Standardisierungen ist SIGA dennoch eine überaus geeignete Möglichkeit, über Games Werbung zu transportieren, wenn die Planungen und Umsetzungen von vornherein gut organisiert sind. Denn wo Schatten ist, da ist auch Licht, und das zeigt sich hier ganz deutlich:

▪ Die Nicht-Standardisierung im Pricing bietet den Werbekunden häufig die Möglichkeit, Werbung zu einem sehr vorteilhaften Preis-Leistungs-Verhältnis zu schalten.

▪ Die Akzeptanz und Wahrnehmung von Werbung in Games ist im Vergleich zu anderen Medien unvergleichlich hoch (siehe Kapitel 5).

▪ Durch die „Jungfräulichkeit" vieler Games im Hinblick auf Werbebotschaften sind hier exklusive Werbepartnerschaften zu hervorragenden Konditionen für den Werbetreibenden möglich.

▪ Für den Publisher sind die Werbemaßnahmen ein Zusatzgeschäft, er ist auf den Werbekunden finanziell nicht angewiesen und kann deshalb günstige Konditionen anbieten. Zusätzlich kann er einen Werbepartner ablehnen, ohne einen Schaden dadurch zu haben.

▪ Die Konstellation eignet sich auch für Bartering-Deals, wobei die Aufrechnung der gegenseitigen Leistungen sehr kompliziert sein kann.

Die statische Form des In-Game Advertising wird vermutlich in den nächsten Jahren vergleichsweise stark an Bedeutung gewinnen, da das Wissen um die Nutzer von Computer- und Videospielen steigt. Mit diesem Wissen steigt das Interesse der werbetreibenden Industrie und damit auch die Budgets. Das wird die Game-Publisher dazu veranlassen, statische Werbeeinblendungen mit bei der Game-Entwicklung zu berücksichtigen und diese Werbemöglichkeiten nach außen hin stärker zu kommunizieren. Für Beratungsunternehmen mit tiefen Einblicken in die Game-Entwicklung und den Gamesmarkt wird sich hier sicherlich ein Beschäftigungsfeld entwickeln, da bei der großen Anzahl der Game-Entwicklungen national und international ein fundiertes Know-how und Insiderwissen für eine erfolgreiche Platzierung von Marken über verschiedene Games und Publisher hinweg im Bereich SIGA entscheidend für den Erfolg der Werbebotschaft ist.

Vorteile des statischen In-Game Advertising

Das jungfräuliche Werbemedium kann häufig exklusiv und zu hervorragenden Konditionen belegt werden, Bartering-Deals sind möglich. Die Akzeptanz von passenden Marken in den Games ist nachgewiesen. Games haben sich als Massenmedium etabliert, können aber ebenso spitze Zielgruppen bedienen.

4.1.3 Dynamisches In-Game Advertising (DIGA)

Computer- und Videospiele als Kommunikationsmedium für Werbung zu benutzen, ist im Bereich Adgames und dem statischen In-Game Advertising keine völlig neue Erscheinung. Eine Vergleichbarkeit mit anderen Medien wie TV, Print oder Online ist aufgrund mangelnder Untersuchungen bis heute aber nicht wirklich befriedigend gegeben. Ein nennenswerter internationaler Markt ist deshalb nicht etabliert, ebenso wenig wie entsprechende Spezialagenturen sich bisher nicht zu Marktgrößen etablieren konnten. Der zeitnahe Durchbruch von Games als Werbemedium könnte im Bereich des dynamischen In-Game Advertising (DIGA) liegen. Hierbei werden Werbeplätze in Computer- und Videospielen definiert und über eine Onlineanbindung mit Werbemitteln bestückt. Die Organisation erfolgt im Idealfall über ein Adserversystem, wie es die Onlinevermarktung seit vielen Jahren kennt. Die Abläufe des DIGA sind demnach mit der Technologie für die Vermarktung von Websites vergleichbar, das Medium Games an sich aber eher mit dem Medium Fernsehen. Zur Erläuterung wollen wir hier einige Grundeigenschaften des DIGA anführen.

Parallelen zur Onlinevermarktung sind:

- Es gibt feste Platzhalter in Games, die mit Werbemitteln bestückt werden.

- Die Schaltung der Werbemittel erfolgt über eine Adservertechnologie.

- Die Kampagnen können nach Budget, Kontakten, Werbemitteln oder Zeit geplant werden.

- Über neueste Targeting-Technologien können Werbemittel bestimmten Zielkunden zugeführt werden, z. B. nach Regionen oder auch nach Verhaltensweisen und Interessen.

Parallelen zum Medium TV sind:

- Es gibt in der Regel keinen Rückkanal bei den Werbemitteln. Ein Rückkanal wird nur dann eingerichtet, wenn eine Interaktion mit dem Werbemittel das Gameplay nicht stört.

- Die Hauptnutzung von Games findet als Freizeitbeschäftigung statt.

- Gaming findet immer mehr im Rahmen der Familie statt, z. B. Quiz- oder Entertainmentspiele (SingStar).

- Die Werbemittel sind häufig den TV-Werbemitteln angelehnt (Videosequenzen auf virtuellen Billboards, Werbeplakate bei Übertragungen von Sportevents etc.).

- Die Vielfalt der Games und Genres lässt sich mit den TV-Sendungen und -Sendern vergleichen.

Eine Besonderheit des In-Game Advertising im Vergleich zu anderen Werbemedien ist sicherlich, dass die Werbemittel innerhalb der Szenerie des Geschehens vorhanden sind, diese das Geschehen aber nicht unterbrechen oder stören. Hier kann eine Parallele zur Außenwerbung mit Plakatwänden, Screens an Häuserwänden etc. gezogen werden. Dynamisches In-Game Advertising hat zudem die wichtige Eigenschaft eines modernen Kommunikationsmediums, nämlich die tagesaktuelle Implementierungen von Werbemitteln. Demnach sind in Games Werbeformen, -formate und Platzierungsmöglichkeiten vorhanden, die in dieser Gesamtheit in keinem anderen Medium möglich sind. Die neuen Möglichkeiten des Targeting runden die Möglichkeiten des In-Game Advertising ab.

Quelle: Atari Deutschland
Abbildung 8: *Dynamisches In-Game Advertising der Marken Sixt und Joop im Game Test Drive Unlimited von Atari*

Es stellt sich die Frage, warum Games erst seit etwa dem Jahr 2005 an digitalen Schnittstellen zur Einstreuung von Werbemitteln angegliedert sind. Ein Grund ist sicherlich, dass es sich ähnlich wie beim statischen In-Game Advertising verhält (siehe Kapitel 4.1.2). Entsprechende Konzepte mussten zunächst von der Game-Industrie entwickelt werden, diese hatte in der relativ kurzen Vergangenheit aber dringendere Aufgaben zu erledigen. Ein Grund dafür, dass dynamisches In-Game Advertising überhaupt möglich ist, liegt in der heute weit entwickelten Adserver-technologie und in den Möglichkeiten der Anpassung dieser Technologie an Games mit einer Onlineanbindung. Die Vermarkter von Internetseiten haben in den letzten zehn Jahren entsprechende Technologien entworfen, getestet und für gut befunden – nun kann sie für andere Medien wie für Games eingesetzt werden. Anbieter von Adservertechnolgien warten heute schon darauf, dass sich das IP TV durchsetzt, um auch diesen Markt zu besetzen – und das mit Recht. Sicherlich sind solche Überlegungen auch die Mutter des Gedankens, wenn einer der führenden internationalen Anbieter von In-Game Advertising, IGA Worldwide, sich nicht ausschließlich als Vermarkter für In-Game Advertising, sondern eher als Vermarkter digitaler Medien sieht. [14]

Ein wichtiger Vorteil des dynamischen In-Game Advertising im Gegensatz zu der statischen Variante ist die Messung der Werbemittel-Kontakte und damit die Schaffung einer Grundlage zum Vergleich mit anderen Medien. Dabei werden die Kontakte nach vorgegebenen Kriterien gewertet, die im Kapitel 5 – Kriterien für die Media-planung – näher erklärt werden. Wie im Kapitel 4.1.2 erläutert, ist statisches In-Game Advertising wegen eingeschränkter Responsemöglichkeiten von der Media-planung schwer greifbar, im Bereich dynamisches In-Game Advertising sind Ver-markter mittels Adservertechnologien jedoch auf dem besten Weg, neben Online zukünftige Maßstäbe bei der Messung von validen Kontakten für die gesamte Wer-beindustrie zu setzen. Die validen Reichweitenmessungen zusammen mit einer in-tensiven Werbewirkungsforschung, die zur Zeit noch etwas dürftig dasteht, werden zukünftig dynamisches In-Game Advertising als innovative Werbeform vorantrei-ben, wenn sich Game-Entwickler, Game-Publisher und Vermarkter über Standards einigen und den Willen zeigen, das Mediums Game so zu sehen, wie es die Gamer auch sehen – ein Medium, das einen großen Teil der Bevölkerung anspricht, von kurzweiliger Freizeitbeschäftigung bis hin zur Passion.

Ein wahrscheinlicher Erfolg des dynamischen In-Game Advertising im Mediamix lässt sich auch aus der Entwicklung im Bereich Hardware erkennen. Der PC gilt heute schon als Universalmedium, mit dem gesurft, gespielt, gearbeitet, ferngesehen und Radio gehört wird. Die neuen Konsolen wie XBOX 360, PS3 und die Wii wer-den als Mittelpunkt des Wohnzimmers angepriesen und sollen sich nach dem Willen der Vermarkter als zentrale Hardware für das Gaming, das Internet und das Fernse-hen sowie Musikhören erweisen. Die Vermutung liegt nahe, dass in gar nicht einmal allzu ferner Zukunft die verschiedenen Medien tatsächlich digital zusammenwach-sen und sich vor allem auch am Markt durchsetzen. Sicherlich wird dynamisches In-Game Advertising mit all seinen Vorzügen in Bezug auf Nutzung, Mess- und Steu-erbarkeit sowie Vielfalt der Werbemittel eine große Rolle im Mediamix spielen.

Checkliste: Eigenschaften des dynamischen In-Game Advertising

✓ Adservertechnologie zur Messung der Reichweiten und Steuerung der Kampagnen

✓ Reichweitenstarke Games mit interessanten und auch spitzen Zielgruppen

✓ Targetingmöglichkeiten

✓ Kreative Inszenierungen

✓ Akzeptanz der Zielgruppe bei passenden Marken und Inszenierungen

✓ Intensive Kontaktmöglichkeiten mit dem Werbemittel mit imagebildendem Cha-rakter

4.2   Werbemittel und Werbeformate

Computer- und Videospiele sind häufig Abbilder der Realität oder bilden fantastische Welten ab, die wir in ähnlicher Art und Weise aus Fantasy- und Science-Fiction-Filmen kennen. Das Abbilden von Realitäten bedeutet grundsätzlich, dass auch Details wie Werbebotschaften realistisch nachgestellt werden können. Je weniger fantastisch die Spielewelt, desto einfacher ist eine Nachahmung von realen Werbeformaten und Werbemitteln. Als gutes Beispiel dienen hier Sportspiele, die nach ihren echten Vorbildern gestaltet sind. Virtuelle DTM- oder Formel-1-Rennwagen sehen im Game einfach besser aus, wenn sie wie in der Realität mit realen Marken bepflastert sind. Auch die Banden an den Rennstrecken und die Kleidung der Fahrer mit deren Teams wirken erst mit Brandings richtig echt. Das gleiche Bild ergibt sich in Fußball-Spielen wie FIFA oder Pro Evolution Soccer, Golf und Tennisgames. Diese Spiele funktionieren und sehen aus wie die echten Events mit allen ihren Teilnehmern. Damit können auch dieselben Formate und Werbemittel wie bei den echten Sportereignissen dargestellt werden – von der Bandenwerbung bis hin zum Videospot auf dem Stadionscreen. Grundsätzlich gelten diese Werbeformen auch für andere Genres, diese wirken nur nicht realistisch und authentisch, wenn sie keine Vorbilder in der realen Welt haben. Es sei denn, die Kreation gibt hier neuen Input: Ein Werbetrailer zu XBOX-Live mit Germany's Next Top-Model Lena Gercke wirkt in einem mittelalterlichen Rollenspiel zunächst deplatziert. Als Vorschaltscreen zu dem gleichen Game mit entsprechender kreativer Umsetzung kann man sich einen kurzen Trailer dieser Microsoft-Dienstleistung schon vorstellen. Sicherlich werden sich in den nächsten Jahren gerade die Kreationen ständig weiterentwickeln müssen, sodass grundsätzlich in einigen Jahren fast alle Marken und Produkte in nahezu allen Games abgebildet werden können, ohne deplatziert zu wirken. Die Entwicklung des In-Game Advertising ist jedoch noch so jung, dass wir uns in diesem Kapitel auf bereits umgesetzte Abbildungen von Werbemaßnahmen und heute denkbaren Umsetzungen konzentrieren wollen. Das Kapitel 6 beleuchtet die zukünftigen Anforderungen der Kreation für In-Game Advertising näher.

Abhängig von der Spieleumgebung ist die Darstellung von Motiven aus Print, Outdoor, TV, Radio und Onlineformaten denkbar. Eine Unterscheidung von Werbemittelintegrationen im Bereich In-Game Advertising erfolgt in:

- ▪ Werbemittel als Teil der Spielszenerie bzw. als Kulisse: z. B. Bandenwerbung, Getränkeautomat, Geschäftsfiliale.

- ▪ Werbemittel als Teil des Gameplay: In der Regel sind hiermit Product Placements gemeint.

Das Involvement des Spielers ist am größten, wenn die Marke oder das Produkt Teil der Spielhandlung wird. Die erlebten Emotionen im Spiel werden dabei vom Gamer mit der Marke in Verbindung gebracht. Diese Form der Werbemittelintegration ist besonders effektiv, wenn ein Produkt erklärt und die Eigenheiten dem Gamer näher gebracht werden sollen. Diese Form ist aber auch zugleich die aufwendigste, da bereits bei der Spielentwicklung das In-Game Advertising berücksichtigt werden muss. Auch ist eine dynamische Implementierung nur dann denkbar, wenn ein Produkt nur oberflächlich in die Story eingebunden wird.

Im Bereich DIGA sind heute bereits verschiedene Formateinbindungen möglich. Im Wesentlichen handelt es sich hierbei um Billboards, Logos, Audio, Video und 3D-Objekte, die dann an verschiedenen Stellen – je nach Game – implementiert werden. In der Regel können gängige Formate übernommen werden. Diese werden dann durch den Vermarkter/Publisher/Entwickler an die jeweiligen Gameformate angepasst. Im Kapitel 6 erfahren Sie mehr zu den technischen Anforderungen der Werbemittel und Anforderungen an die Kreation.

Bei dem sogenannten Brand Placement oder auch Corporate Placement handelt es sich um Firmen- und Markenlogos. Diese Werbeformen sind nicht zwingend produktspezifisch und für dynamisches In-Game Advertising geeignet. Diese haben in der Regel mit der Handlung im Game nichts zu tun, können aber durchaus für Authentizität sorgen, indem sie ein Fußballstadion oder eine Rennstrecke „echt" wirken lassen. Flächen für ein Brand Placement in Games sind ebenfalls oft der Realität entnommen. So finden wir diese auf virtuellen Werbeplakaten und -postern, als Banden- und Trikotwerbung oder in Form von Nachbildungen von Geschäften und Plakatwänden virtueller Straßenzüge. Auch bewegte Bilder, also TV-Spots oder Trailer, sowie Radioformate können von virtuellen Fernsehern oder Billboards gesendet werden oder im virtuellen Radio laufen.

Neben den aus der Realität bekannten Werbeplätzen wie Bandenwerbung, Billboards an Straßen, Reklametafeln auf Häusern, Fahrzeugen, Litfaßsäulen sind Product Placements ob statisch oder dynamisch besonders aufmerksamkeitsstark. Im Agenten-Game Splinter Cell von Ubisoft wirft der Protagonist sich beispielsweise einen original Wrigley's Kaugummi ein oder telefoniert mit einem Nokia-Mobiltelefon. Diese Product Placements geben den Marken ein cooles und abenteuerhaftes Image – in einem Beachvolleyball-Game würde eher Spaß, Sommer und Sonnenschein mit diesen Marken in Verbindung gebracht werden. Product Placements werden den vielfältigen Darstellungsmöglichkeiten in Games gerecht, wenn sie authentisch und kreativ umgesetzt sind. Lutz Anderie, Geschäftsführer GSA, Eastern Europe, Russia, Atari Deutschland GmbH, sieht einige Vorteile beim Product Placement in Games:

▪ Der Werbende erreicht einen positiven Imagetransfer vom Spiel auf die Marke, wenn eine hohe Affinität zwischen Spielinhalt und Marke vorliegt.

■ Die Marke kann außerhalb traditioneller Werbefelder in einer bestimmten Lifestyle-Umgebung präsentiert werden.

■ In-Game Advertising bedingt häufige Kontaktmöglichkeiten mit dem Konsumenten aufgrund langer Spieldauer.

Drei verschiedene Arten von Product Placements können beim In-Game Advertising unterschieden werden.

On-Set Placement: Ein Produkt oder Markenzeichen erscheint im Game, beeinflusst aber die Handlung nicht, ähnlich einer Requisite kann sie ausgetauscht werden. In Splinter Cell: Chaos Theory von Ubisoft erscheint z. B. ein Sprite-Automat, der keine weitere Bedeutung für die Handlung hat und durch einen Pepsi-Automaten ausgetauscht werden könnte. Was ist aber, wenn der Held den Automaten öffnet, ihm eine Dose entnimmt und damit seinen ärgsten Feind erschlägt? Oder nicht ganz so blutrünstig gedacht, findet unser Protagonist auf der Sprite- oder Pepsiflasche einen Code, der ihn bei seiner Mission voranbringt. Vielleicht findet er die Lösung mit Hilfe dieses Codes auch nicht im Spiel selber, sondern auf www.pepsi.com? Man könnte nun definieren, dass der Getränkeautomat als On-Set Placement im Spiel installiert ist, die Dose aber mehr Bedeutung hat, in Form eines sogenannten Creative Placements. Bei dieser Product Placement-Form hat das Produkt zwar keine Bedeutung für die späteren Handlungen, wird aber in bestimmten Szenen mit in die Handlung verwickelt. Im Game *Getting up: Contents under Pressure* von Atari verwendet der Spieler einen Apple iPod für die Auswahl einer Hintergrundmelodie. In der Spielszenerie sind iPods versteckt, und wenn der Spieler eines dieser Geräte findet, kann er damit neue Musiktitel sammeln.

Die für das Spielgeschehen intensivste Form des Product Placements ist das sogenannte Situation Placement. Hierbei spielt eine Marke oder ein Produkt eine große Bedeutung als Teil des Games. Im Jahr 2002 erschien *The Sims Online* mit Situation Placements der Marken McDonald's und Intel. Das Wohlbefinden der Spielcharaktere erhöht sich beim Betreten eines McDonald's-Restaurants und ebenso bei der Verwendung des damals in den Markt gebrachten Pentium 4 Prozessors von Intel. In diesem Game kann der Spieler sogar virtuelles Geld verdienen, indem er ein virtuelles McDonald's-Restaurant betreibt. Das erinnert doch stark an das heute bekannte Second Life, in dem ebenso Geld mit virtuellen Gütern verdient wird.

Eine sehr starke Markeneinbindung in ein Game ist auch die Bereitstellung eines oft als Sponsored Mode bezeichneten Bereiches durch den Werbekunden. Hierbei wird eine Spieleinheit (ein Level, eine Strecke, eine Aufgabe) in einem bestimmten Umfeld vom Werbekunden zur Verfügung gestellt, das heißt, diesen Bereich hätte es ohne den Werbekunden im Game so nicht gegeben. Man kann dementsprechend einen Sponsored Mode auch als Advergaming im Teilbereich eines Games bezeichnen. Dieser Sponsored Mode kann dementsprechend vom Werbekunden auch als eigenständiges Adgame verwendet werden, falls es die Technik und die Lizenzvereinbarungen mit dem Game-Publisher erlauben. Der Werbekunde erreicht mit dieser doppelten Ausführung dementsprechend die User des Games, das der Publisher ausliefert, wenn die User den Sponsored Mode benutzen, und zusätzlich die Empfänger des Adgames. Der Sponsored Mode in einem Game kommt gleich mit einer Plot Integration und wird in der Regel als Download-Plugin für ein Game zur Verfügung gestellt. Beispiel hierfür ist die Einbindung eines Honda Civic im Rallye-Klassiker Colin McRae. Auf einer bestimmten Honda-Microsite, deren Adresse der Spieler im Spiel erfährt, kann dieser Sponsored Mode angefordert und heruntergeladen werden. In der Regel muss der User dazu bestimmte Angaben zur eigenen Person machen. Neben dem Imagegewinn ist also das Generieren von Userdaten ein wichtiges Ziel bei einem Sponsored Mode.

Über Werbeformate in den Games hinaus lässt sich ebenso das Umfeld der Games werblich vermarkten, wie z. B. die Gamesportale oder Websites der Publisher. Bei CD- und DVD-Games bieten die Verpackungen zudem Möglichkeiten eines Brandings oder als Vertriebseinheit für Flyer, Gewinnkarten oder sogar Produkteinheiten. Die CD oder DVD kann zusätzlich als Speichermedium für eigene kleine Programme dienen, die mit auf den Datenträger gebrannt werden. So kann es für einen Internetprovider Sinn machen, eine Zugangssoftware mit auf eine Spiele-CD oder -DVD zu brennen und im Spiel darauf zu verweisen oder zu verlinken. Antragsformulare von Versicherern, Banken etc. können als Dateivorlagen auf dem Datenträger ausgeliefert werden. Bei Spielbeginn und Spielende sowie in den Ladezeiten sind Werbescreens auch als Interactive Ads denkbar. Aus einem laufenden Gameplay heraus machen diese Verlinkungen in der Regel keinen Sinn, da sie das Spielvergnügen unterbrechen würden. Auch das Spielmenü kann mit multimedialen Elementen angereichert werden.

Der zunehmende digitale Vertrieb von Games über das Internet bietet zusätzliche Möglichkeiten der Einbindung von Werbekunden. So werden die Games als Download auf Spieleportalen oder Zugangsportalen von Konsolen mit Onlineanbindung angeboten. Dieser digitale Download kann je nach Internetverbindung lange dauern und bietet die Möglichkeit, die Wartezeit mit Werbeeinblendungen zu überbrücken.

Lutz Anderie beschreibt Werbemöglichkeiten vor und nach dem Gaming und unterteilt in drei Möglichkeiten:

1. Pre-Game-Advertising: Beispielsweise lässt sich während des Installationsprozesses oder der Loading Screens Werbung implementieren.

2. Start- und Pausemenü: In-Game Advertising ist nicht nur während des Spielgeschehens möglich, sondern kann auch im Start- oder Pausemenü sowie in den Spieleinstellungen platziert werden.

3. Post-Game-Advertising: Ermöglicht die Einbindung von Werbung beim Beenden und Verlassen des Spiels z. B. im Ending Screen.

4.3   Virtuelle Welten

Virtuelle Welten oder auch Virtuelle Realität (englisch: virtual reality) wie das bekannte *Second Life* können als Darstellungen von Umgebungen mittels Computer-
programmen bezeichnet werden, die häufig aber nicht zwangsläufig die Realität als
Vorbild haben. Die virtuelle Realität wird von dem Benutzer des Computerprogramms wahrgenommen und unterliegt definierten physikalischen Eigenschaften. In
Echtzeit erlebt der Benutzer eine interaktive Umgebung und vollzieht im Rahmen
des Computerprogramms vorgesehene Handlungen. Der eigentliche Benutzer betritt
die virtuelle Welt in Form eines Stellvertreters, seiner virtuellen Figur, die als Avatar
bezeichnet wird. Ein Game mit einer Umgebung, sei sie auch noch so fantastisch, ist
demnach eine virtuelle Welt.

Film- und Science-Fiction-Fans kennen virtuelle Welten bereits seit vielen Jahren,
nämlich in Form des Holodecks auf der Enterprise, dem berühmten Raumschiff aus
der Fernsehserie Star Trek. Virtuelle Welten sind also technisch generierte Simulationen, die die echte Welt als Vorbild haben können. Aber es geht auch anders: Die
Technik der Erzeugung virtueller Welten ist auch in der Lage, Figuren und Räume
zu schaffen, die es in der realen Welt nicht gibt oder vielleicht für den Benutzer nicht
gibt. Dadurch klassifizieren sich virtuelle Welten wie Second Life, die zwar allgemein im Bereich Gaming angesiedelt sind, genau genommen aber einen anderen
Erlebnisansatz haben, nämlich die eigene Genesis durch die eigenen Einwohner.
Eine reale Person bekommt ein Werkzeug in Form eines Computerprogramms und
erstellt damit ein zweites (und eventuell auch drittes, viertes etc.) Ich, den Avatar.
Das Aussehen und die Gestalt dieses Avatars kann mit Hilfe der Werkzeuge verändert werden, der Fantasie sind hier kaum Grenzen gesetzt.

Ein Avatar lebt in einer virtuellen Welt, die als Basis von den Entwicklern erstellt
wurde, und diese Welt wird nun durch Avatare geformt. Es werden Häuser errichtet
und gestaltet, Gebrauchsgegenstände erstellt und dann z. B. von Avatar zu Avatar
verkauft. Wie es der Zufall bzw. der reale Programmierer dieser Welt will, benötigt
man auch in der Virtual Reality Mittel in Form von Geld, um nach den eigenen
Wünschen agieren zu können. Wer nicht virtuell dafür arbeiten möchte, transferiert
reales Geld aus der realen Welt über den realen Anbieter in die virtuelle Welt und
kann sich je nach realem Geldbeutel ein entsprechendes virtuelles Leben gönnen.
Wer es nicht hat, muss für virtuelle Güter arbeiten. Durch diese Möglichkeiten der
Veränderung einer virtuellen Welt durch den Benutzer bzw. dessen Avatar gehören
virtuelle Welten in die Riege der Plattformen für User-generated Content und
Web 2.0 und sind damit vom Grundsatz her tauglich für den Massenmarkt. Der tatsächliche Erfolg von Modellen im Bereich Web 2.0 zeigt sich aber erst, wenn die
Motivation der Benutzer angeregt wird, die breite Masse eine virtuelle Welt auch

betritt und regelmäßig nutzt. Das durch die Medien prominent gewordene Beispiel Second Life, das vor allem seit dem Jahr 2006 durch die Integration unterschiedlicher Marken auf sich aufmerksam gemacht hat, soll hier näher nach den Faktoren Usermotivation, Userverhalten und Zukunftsperspektiven untersucht werden. Daraus abgeleitet werden schließlich Möglichkeiten für Unternehmen, sich und ihre Produkte oder Dienstleistungen in einer virtuellen Welt darzustellen. Man könnte diese Art der Werbung auch als In-World Advertising bezeichnen. So sprechen die Benutzer von Second Life ebenso von *In-World*, wenn sie die virtuelle Umgebung meinen.

Zur Usermotivation, sich in eine virtuelle Welt wie Second Life zu begeben, beschreiben Willi Schroll und Andreas Neef so treffend: „Abenteuerlustig wie Hänschen Klein geht man in die große Welt hinein". Das Unbekannte in Erwartung von etwas Neuem und Interessantem ist wohl der Antrieb, sich bei Second Life zu registrieren und sich diese neue Welt einmal anzuschauen. Da dieses Anschauen und Ausprobieren kostenlos ist, haben die Macher der virtuellen Welt die Eintrittsbarriere klugerweise sehr niedrig gelegt. Die Motivationen für die Registrierung bei Second Life sind in erster Linie:

- Neugierig auf eine neue Technologie

- Spaß am Kreieren eines neuen Ichs

- Man will dabei sein und mitreden können

- Anonymes Treffen mit anderen Benutzern

Eine dauerhafte Nutzung dieser Welt mit dem Kauf von virtuellen Gütern durch die Benutzer ist die nächste Aufgabe, die der Publisher lösen muss. Der Ansatz von Second Life ist die Freiheit des Benutzers in einer neuen Welt ohne die alltäglichen Zwänge. Daraus ergeben sich verschiedene Motivationen der Benutzer:

- Wie bei Online-Games findet sich der Benutzer in einer Welt wieder, in der er „von vorne" beginnen kann. Er kann sich einen Lebensstandard aufbauen, den er in der realen Welt nicht erreicht.

- Der Benutzer kann mit anderen Benutzern kommunizieren, ohne dabei erkannt zu werden.

- Der Benutzer schlüpft wie ein Schauspieler in eine andere Rolle.

Die virtuelle Welt von Second Life wird in erster Linie von Benutzern um die 30 Jahre besucht, diese sind zu ca. 41 Prozent weiblich. Tabelle 5 zeigt die Userstruktur nach Alter und Herkunft.

Alter [15]		Herkunft [16]	
13 – 17 Jahre	1,24 %	Europa (Deutschland)	777 000 Residents (209 000 Res.)
18 – 24 Jahre	27,46 %	Nordamerika (USA)	243 000 Res. (207 000 Res.)
25 – 34 Jahre	38,78 %	Asien/Pazifik	167 000 Res.
35 – 44 Jahre	21,00 %	Lateinamerika	77 000 Res.
+45 Jahre	11,52 %		

Tabelle 5: *Altersstruktur und Herkunft der Second Life Residents*

Für einige User ist Second Life keine Freizeitbeschäftigung mehr, sondern gehört zum Tagesgeschäft. Als erste Millionärin aus Second Life wurde Ende 2006 die Deutsch-Chinesin Ailin Graef gefeiert. Die Unternehmerin mit dem Avatar-Namen *Anshe Chung* lebt seitdem von den Einnahmen als virtuelle Immobilienmaklerin. Second Life ist also kein Computerspiel im herkömmlichen Sinne. Folgende Kriterien können dabei zur Unterscheidung herangezogen werden:

- In Second Life kreieren die Avatare die Umgebung.
- Es gibt keine programmierten Spielverläufe.
- Es gibt keine Story oder keine zu lösenden Aufgaben.
- Die Implementierung von Marken kann jeder Avatar vornehmen, Vermarkter von Werbeflächen kann theoretisch jeder Second-Life-Bewohner werden.
- In-World Advertising kann sowohl organisatorisch als auch geschäftlich an den Entwicklern vorbeigehen, In-Game Advertising ist nur in Zusammenarbeit mit den Entwicklern eines Games möglich.

Die Integration von Marken in Second Life hat seit Sommer 2006 für kräftige Schlagzeilen in den Medien gesorgt. Als beispielhafte Integrationen sollen hier die Engagements von Adidas und IBM kurz vorgestellt werden.

Der Sportartikelhersteller Adidas hat über den virtuellen Store in Second Life über 21 000 Paar virtuelle Schuhe des Modells A3 Microride im Wert von über 1 Millionen Linden Dollar (etwa 2 800 Euro) verkauft (siehe Abbildung 9). Da Second Life User als neugierig, aber auch schnell gelangweilt beschrieben werden, müssen virtuelle Produkte einen Mehrwert in der virtuellen Welt bieten. [17] So verleiht der genannte Sportschuh den Avataren einen schwebenden Gang – das kommt offensichtlich an. Der anfängliche Kaufboom ging jedoch schnell zurück und zwischen Februar und Juni 2007 waren es nicht einmal mehr 2 000 Paar Schuhe, die im Adidas-Store gekauft wurden – durchschnittlich 90 Prozent weniger als in den Vormonaten. [18]

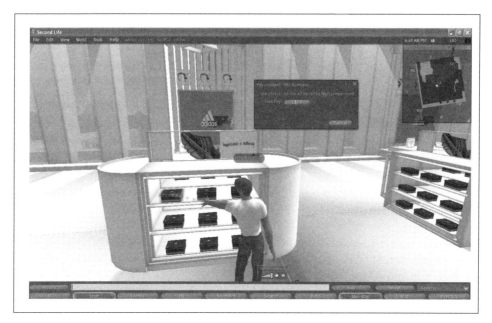

Abbildung 9: *Screenshot vom Adidas-Store in Second Life*

IBM zeigt sich als wohl engagiertestes Unternehmen in Second Life. Ende 2006 beschäftigte der Konzern etwa 800 Mitarbeiter für Second Life. Für IBM liegt der große Vorteil von virtuellen Welten in den Möglichkeiten der direkten Kommunikation von Avatar zu Avatar – quasi von Angesicht zu Angesicht über jede reale Distanz. Das Bildtelefon konnte sich international nicht durchsetzen und auch Webcams werden vergleichsweise selten eingesetzt. Vielleicht sind es zukünftig tatsächlich virtuelle Avatare, die stellvertretend für unsere eigene Erscheinung die kommunikative Bindung herstellen und halten. Der Benutzer am Computer bleibt so im Moment der Kommunikation visuell anonym und schickt quasi sein gestyltes virtuelles Ich in die Gesprächsrunde oder an den Verhandlungstisch. Bei IBM herrscht eine Zukunftsvision für Standards bei virtuellen Welten, um diese von verschiedenen Anbietern zu verknüpfen. Danach sollen Webnutzer zukünftig nicht mehr eindimensional das Internet benutzen müssen, sondern als Avatar virtuelle Internetshops betreten, um sich zu informieren und einzukaufen. [19]

Die Frage stellt sich jedem Markenartikler, welche Vorteile eine Platzierung der eigenen Marke in Second Life bringen kann. Wir haben einige Argumente für eine Platzierung in Second Life gesammelt:

■ Laut Adidas ist Second Life eine Möglichkeit, mit der jungen Zielgruppe in Kontakt zu treten.

- Für viele Markenartikler ist Second Life ein Testfeld, um die Wirkung einer Marke in virtuellen Welten zu erforschen.

- Second Life bietet eine Lern-Plattform für den zukünftigen vCommerce, d. h. den Verkauf virtueller Versionen von realen Produkten mit Anbindung an reale Shops.

- Second Life bietet die Möglichkeit, Events, Produktpräsentationen und Aktionen begleitend zu realen Maßnahmen zu inszenieren, und ist dadurch für crossmediale Aktionen geeignet.

- Für Anbieter im Bereich Technologie und Marktforschung ist Second Life ein spannendes Umfeld für Livetests neuer Technologien. So bietet die Berliner Agentur Nugg.ad AG mittels eigens entwickelter Targeting-Technologie eine Werbeansprache aufgrund des Verhaltens der Avatare. Befindet sich beispielsweise ein Avatar vor einer Werbetafel, bekommt dieser Avatar vom System auf ihn zugeschnittene Werbung angezeigt.

Neben diesen Möglichkeiten, die Second Life für Markenartikler bietet, sind jedoch auch viele kritische Töne laut geworden. Die wichtigsten dabei sind:

- Die Frequentierung von Avataren in den Unternehmenspräsenzen ist oft sehr gering. Laut Aquarius-Geschäftsführer Rainer Wiedmann liegt diese so niedrig, dass sie nicht einmal für die Marktforschung ausreicht. Die Arena des Energieversorgers EnBW wird beispielsweise durchschnittlich nur alle drei Stunden von einem Avatar betreten. [20] Die monatlichen Visits liegen im Durchschnitt aber mit 3 000 bis 5 000 höher, im Vergleich zu anderen Medien dennoch bescheiden niedrig. [21]

- Laut der Hamburger Internet-Beratungsagentur Fittkau & Maaß haben sich nur 8 Prozent der deutschen Onliner in Second Life registriert, und von diesen betreten lediglich gut 30 Prozent die virtuelle Welt mehr als einmal. Wenn diese Zahl auf alle Bewohner übertragen werden kann, sind fast 70 Prozent der von Linden Lab veröffentlichten Zahl von 7 Millionen Einwohnern Karteileichen. Insgesamt sind weniger als ein Prozent der Onliner in Deutschland regelmäßig in Second Life. [22] Am Tag sind etwa 8 600 deutsche Avatare In-World. [23]

- Die Produktinformationen in Second Life spielen für die Benutzer derzeit noch keine Rolle. Etwa 12 Prozent der aktiven SL-Nutzer sind laut Befragung in der virtuellen Welt auf neue Produkte gestoßen.

- Durch Meldungen zu Kinderpornografie in Second Life ist die vordem so hoch gelobte Freiheit in der virtuellen Welt nicht nur negativ zu bewerten, sondern zu Recht auch in den Fokus der Rechtstaatlichkeit gelangt. Markenintegrationen waren nach unserem Kenntnisstand zwar nicht direkt von Rechtswidrigkeiten dieser Art betroffen, könnten aber durchaus dafür instrumentalisiert werden.

Der allgemeine Tenor ist, dass Marken zwar Bekanntheit und auch Abverkauf über Second Life wünschen, die Erfolge sich aber in sehr kleinen Grenzen halten. Dennoch wollen viele Unternehmen an Second Life festhalten und weiterhin dort investieren (Stand Juni 2007). Second Life wird als Spielfeld zum Ausprobieren für das gesehen, was in Zukunft kommen mag. Hier zeigt sich ganz deutlich, dass führende Markenhersteller an eine große Zukunft im World Wide Web glauben. Es zeigt sich auch, dass virtuelle Welten von den Unternehmen als zukünftige wichtige Form innerhalb des Internets angesehen werden, ja vielleicht sogar das Internet einmal bestimmen werden. Die Vorstellung fällt leicht, dass der eigene Avatar morgens am PC, Mac oder Konsole mit einem freundlichen Lächeln grüßt, die neuen E-Mails vorliest, den Tagesplan und die zu erledigenden Aufgaben aufzählt und schließlich innerhalb einer virtuellen Welt bei der Erledigung der täglichen Arbeit hilft. Zwischendurch schickt der Benutzer seinen Avatar zur eigenen Entspannung in eine Rennsimulation innerhalb dieser virtuellen Welt und lässt ihn gegen den Avatar seines Kollegen ein kurzes Rennen fahren. Warum nicht? Weiterhin kann man sich vorstellen, dass der Avatar nach dem Rennen wieder die ihm auferlegten Arbeiten bewältigt, z. B. mit einem erstellten Textdokument zum Empfänger fliegt, beamt oder was auch immer und die Ergebnisse dort mit dem Empfänger-Avatar bespricht. Allerdings wird der Avatar während dieser Prozesse noch ständig vom Benutzer geführt werden müssen, dient also lediglich als Sprachrohr. Bis ein Avatar quasi als virtueller Sekretär eigene Aufgaben erledigen kann, wird sicher einige Zeit ins Land ziehen.

In diesem Szenario wird viel Platz für Markeneinbindungen und Werbung sein. Wie zukünftige Marketingstrategien aussehen werden, kann man heute noch nicht sagen. Second Life zeigt aber jetzt schon, wie Medien in virtuellen Welten eingebunden werden können. So haben sich in Second Life mittlerweile Medien, Agenturen und Werbeumfelder wie in der realen Welt etabliert:

- *Bild* und *T-Online* unterhalten die Wochenzeitung *The AvaStar* in deutscher und englischer Sprache. Rund 50 Prozent der Inhalte sind von Nutzern generiert. In diesem Zusammenhang spricht man auch vom *Prosumer* als neuem Mediennutzer. Die Zeitung liegt in virtuellen Automaten in Second Life aus und kostet 150 Linden Dollar. Die Berichterstattung erfolgt ausschließlich aus Sicht der SL-Bewohner.

- Die Nachrichtenagentur *Reuters* unterhält einen eigenen Reporter, der regelmäßig aus SL berichtet.

- Der Internet-Sender *Bunch TV* berichtet seit Ende 2006 in Second Life über Second Life.

■ Mittlerweile haben sich Vermarkter organisiert, bei denen Werbetafeln und andere Werbeflächen in Second Life gebucht werden können. Agenturen beschäftigen sich mit der Integration von Marken in Second Life und buchen zudem quasi als virtuelle Mediaagentur Werbeplätze in der virtuellen Welt.

Für verschiedene Markenartikler und auch öffentliche und private Einrichtungen wird Second Life als Plattform für die eigene Darstellung oder den Wissenstransfer benutzt. Angesichts voller Hörsäle an den Hochschulen oder des Desinteresses vieler Menschen an politischen oder anderen Vorträgen liegt die Idee nahe, die Menschen über virtuelle Welten zu erreichen und ihnen so Informationen zu bieten. So möchte auch die EU die Kommunikation mit den Bürgern über Plattformen wie Second Life verbessern. [24] Diese Verknüpfungen zwischen der realen und der virtuellen Welt wird vom Marketing als interessanter Ansatz für zukünftige Businessmodelle gesehen. Dazu gibt es bereits einige Beispiele in Second Life:

■ Die Deutsche Post liefert Second Life-Screenshots als Postkarten in alle Welt.

■ Linden Dollar aus Second Life werden bei Ebay und anderen Plattformen gehandelt.

■ SMS von virtuellen Handys gelangen über einen US-amerikanischen Anbieter auf ein reales Mobiltelefon.

■ Einige Shops beinhalten Waren, die als reale Produkte geliefert werden.

Second Life ist wohl die bekannteste virtuelle Welt mit Funktionen, die sicherlich zukünftige Online-Anwendungen beeinflussen werden. Weitere virtuelle Welten sind derzeit in der Entstehung. *Virtual Me* ist der Name einer neuen in der Entwicklung befindlichen Online-Plattform von Electronic Arts und dem TV-Produktionsunternehmen Endemol, mit deren Hilfe die Medien TV und Games miteinander verschmelzen sollen. Das Konzept sieht vor, dass der Avatar eines Benutzers sich in die Endemol-Gameshows begibt und dort ähnlich wie die Personen in den realen TV-Shows „Big Brother" oder „Deal or no deal" agiert. Die technische Umsetzung wird dabei von EA realisiert. An einem ähnlichen Modell arbeiten zurzeit das Game-Entwicklungsstudio *10tacle* und der Musiksender MTV, das den Namen *Awomo* tragen soll. Im Jahr 2008 soll die Plattform online gehen. [25] Im Mittelpunkt werden die Avatargestaltung, das Gaming und das Benutzen von MTV-Inhalten stehen.

Im Zuge der Markteinführung der Sony PlayStation 3 wird von Sony ein Online-System mit dem Namen *Home* entwickelt. In Anlehnung an den Microsoft-Onlinedienst *Live* zur XBOX 360 soll der Zugang in die Internet-Welt von Home über die PS3 erfolgen. Im März 2007 wurde das zukünftige Portal vorgestellt, das sich als eine Mischung aus The Sims, Second Life, einer Online-Community und einem Onlineshop z. B. für Games oder Home-Inventar darstellt. Als PS3-Gamer bewegt man seinen Avatar durch das Internet-Zuhause. User-generated Content in

Form von Einfügen eigener Bilder und Videos wird dabei möglich gemacht. Der Start ist für Herbst 2007 geplant. Wir werden unsere Leser über den Internetauftritt zu diesem Buch unter www.in-game-advertising.de weiterhin informieren.

4.4   Rechtliche Aspekte

In-Game Advertising als recht junge, aber reichweitenstarke und professionell umgesetzte Werbeform befindet sich rechtlich noch in der Entwicklungsphase. Ähnlich wie sich mit der Etablierung der Onlinemedien als Werbeträger auch die Gesetzeslage an diese neue Form angepasst hat, wird es in Zukunft sicherlich verschiedene nationale und internationale Urteile und Gesetze geben, die Details im In-Game Advertising regeln. Rechtsanwalt Michael Rippe von der Kanzlei Dr. Vortmann & Rippe hat die Gesetzeslage bezüglich Online-Werbung in Anlehnung an In-Game Advertising aufgrund verschiedener Fragestellungen näher betrachtet. Die Ergebnisse wollen wir hier in Form eines Fragenkatalogs kurz vorstellen.

Was ist Online-Werbung?

In rechtlicher Hinsicht ist unter Online-Werbung sämtliches Handeln einer bestimmten Person zu sehen, das darauf abzielt, potenzielle Kunden anzusprechen, um diese wiederum zu einem bestimmten Handeln zu animieren. Die Urform der Online-Werbung ist dabei die Bannerwerbung. Zwischenzeitlich gibt es eine Vielzahl von unterschiedlichen Werbemitteln, die online geschaltet werden. Dabei soll ausdrücklich darauf hingewiesen werden, dass in jedem Einzelfall die rechtlichen Grundlagen und die möglichen Rechtsfolgen gesondert geprüft werden sollten, um spätere Unannehmlichkeiten – hier ist insbesondere an Schadensersatzforderungen und Unterlassungsaufforderungen zu denken – zu vermeiden.

Welche gesetzlichen Grundlagen gibt es bezüglich Online-Werbung?

Auch wenn der gesamte Bereich der Online-Werbung immer vielfältiger und mittlerweile eben nicht mehr nur als Nischenmarkt zu bezeichnen ist, gibt es nach wie vor keine oder nur wenige rechtliche Grundlagen, die speziell für Online-Werbung erlassen wurden. Wie in anderen Rechtsgebieten auch ist dies jedoch auch nicht zwingend notwendig. Denn durch die abstrakte Gestaltung und Formulierung von Rechtsnormen – was üblicherweise gerne als Juristendeutsch bezeichnet wird – können diese Regeln auch auf neue Sachverhalte aus dem Bereich der neuen Medien angewandt werden, auch wenn bei Erlass der jeweiligen Gesetze noch nicht an die neuen Werbeformen gedacht werden konnte. Insgesamt lässt sich formulieren, dass auch online gelten muss, was offline in rechtlicher Hinsicht schon lange Bestand hat.

Zwar gibt es beispielsweise als Pendant zum Rundfunkstaatsvertrag den sogenannten Mediendienstestaatsvertrag. Hier ist beispielsweise in den §§ 13 Abs. 1, 10 Abs. 4 Nr. 1 MDStV (Mediendienstestaatsvertrag) das auch für die Online-Werbung gewichtige Trennungsgebot bestimmt. Auch ist eine ähnliche Bestimmung im Teledienstegesetz gefasst. Allerdings gilt als sogenannter Auffangtatbestand ohnehin eine Bestimmung aus dem Gesetz gegen den unlauteren Wettbewerb (§ 4 Nr. 1 UWG). Im Bereich der Online-Werbung sind zunächst zwar die Regeln des Mediendienstestaatsvertrages (MDStV) maßgebend, auf Grund des zuvor genannten Auffangtatbestandes kommt es jedoch auf eine konkrete Einordnung des jeweiligen Dienstes letztlich auch nicht an. Insgesamt ist jedoch noch zu erwähnen, dass es mittlerweile eine Vielzahl von Gerichtsentscheidungen gibt, die sich mit Online-Werbung befassen.

Ist in rechtlicher Hinsicht zwischen unterschiedlichen Online-Werbeformen zu unterscheiden?

Dazu lässt sich sagen, dass, so unterschiedlich die verschiedenen Werbeformen sind, letztlich auch unterschiedliche rechtliche Bewertungen vorzunehmen sind. So sind insbesondere aus dem anglo-amerikanischem Rechtsraum Fälle bekannt geworden, in denen Anbieter sogenannter *Adwares* auf Unterlassung verklagt wurden. Bei Adwares handelt es sich um Software-Programme, die dazu dienen jeweils abhängig vom Surfverhalten des jeweiligen Users Werbung auf aufgerufenen Internetseiten einzublenden. So gibt es mittlerweile Software, die speziell darauf ausgerichtet ist, aufgerufene Internetseiten mit eigenen Seiten zu überlagern. Besonders ärgerlich wird die Angelegenheit, wenn eine Überlagerung jeweils von Konkurrenzunternehmen erfolgt.

Urteil

In einem Urteil des Landgerichts Köln ist entschieden worden, dass ein derartiges Verhalten, nämlich das sogenannte Aufblenden einer Website auf eine Konkurrenzwebsite, einen unlauteren Wettbewerbsverstoß darstellt.

Ferner ist bei Online-Werbung selbstverständlich auch immer zu beachten, dass keinerlei Urheberrechte verletzt werden. So sind beispielsweise zwischenzeitlich eine Vielzahl von Ebay-Verkäufern abgemahnt worden, weil sie für ihre Verkäufe Fotos verwandt haben, an denen ihnen nicht die Urheberschaft zustand. Es drohen dann Unterlassungs- und auch Schadensersatzansprüche wegen des unbefugten Verwendens der Fotos.

Was ist insbesondere beim In-Game Advertising zu beachten?

Das Trikot eines Spielers in einem Fußballgame oder die Bandenwerbung im Stadi-
on als sogenanntes In-Game Advertising wird als Werbeform immer umfangreicher.
Letztlich ist hier schon das oben Gesagte zu beachten, nämlich dass auch die Regeln
einzuhalten sind, die offline gelten. Insbesondere beim In-Game Advertising ist
jedoch auf das sogenannte Trennungsgebot hinzuweisen. Dahinter verbirgt sich der
besser bekannte Begriff der Schleichwerbung. Aus wettbewerbsrechtlicher Sicht ist
darunter zu verstehen, dass keine Vermischung von redaktionellen und werblichen
Inhalten erfolgen darf. Es muss für den jeweiligen Beobachter bzw. User eines
Games klar zu verstehen sein, wann tatsächlich Werbung vorliegt. Dabei wird auf
einen durchschnittlich informierten und verständigen User abgestellt. Grundsätzlich
sind im Internet häufig Werbebanner und Werbeeinblendungen zu sehen. Hier kann
eventuell auf eine ausdrückliche Kennzeichnung als Anzeige verzichtet werden, weil
der Werbecharakter dabei eindeutig ist. Beim In-Game Advertising ist dies jedoch
nicht zwingend so. Gerade bei Onlinespielen besteht die Gefahr, dass Werbung eben
nicht mehr eindeutig als solche zu erkennen ist. Es empfiehlt sich daher, das gesamte
Format als Werbung zu kennzeichnen. Dies kann beispielsweise in den jeweiligen
Benutzerhandbüchern erfolgen und sollte zudem auch zu Anfang des Spiels deutlich
deklariert werden. Wie immer gilt es jedoch auch hier, eine rechtliche Überprüfung
im Einzelfall vorzunehmen.

Gilt es jugendschutz- oder datenschutzrechtliche Regelungen zu beachten?

Da Online-Spiele gewohnheitsgemäß häufig auch von Jugendlichen gespielt werden,
ist hier insbesondere an die jugendschutzrechtlichen Bestimmungen zu denken. So
bestimmt z. B. § 13 Abs. 1 des MDStV, dass *„Werbung, die sich auch an Kinder
oder Jugendliche richtet oder bei der Kinder oder Jungendliche eingesetzt werden,
... nicht ihre(n) Interesse(n) schaden oder ihre Unerfahrenheit ausnutzen"* darf. In
dieser rechtlichen Regelung sind sogenannte unbestimmte Rechtsbegriffe enthalten,
die letztlich von der Rechtsprechung näher ausgelegt werden müssen. Diesbezüglich
ist auch bereits eine Mehrzahl von Urteilen ergangen. Auch im Hinblick hierauf
muss daher eine Prüfung erfolgen. Weiterhin ist grundsätzlich bei Werbung, die ganz
speziell für bestimmte User angepasst wird, eine datenschutzrechtliche Problemstel-
lung gegeben. Hierfür ist es grundsätzlich erforderlich, dass die jeweiligen Spieler
Einwilligungserklärungen abgeben, dass sie mit der Erfassung von etwaigen Daten
einverstanden sind. Sofern Minderjährige entsprechende Erklärungen abgeben sollen, empfiehlt es sich, zusätzlich eine Erklärung der Sorgeberechtigten einzuholen.

Auch nach Ansicht des Rechtsexperten Dr. Michel bestehen zurzeit weder spezial-
gesetzliche Medienrestriktionen noch eine einschlägige höchstrichterliche Rechtsprechung. Allgemeingültige Regelungen gelten aber natürlich auch für das In-Game
Advertising. Dr. Michel sieht hier in erster Linie das Daten- und Jugendschutzrecht,
das Schuldrecht und das Wettbewerbsrecht als relevante Gesetzestexte. So könnte

Werbung in Games durch verschleierte Werbung leicht als unlauter eingestuft werden. Die Vermutung liegt jedoch nahe, dass Unzulässigkeiten erst dann verfolgt werden, wenn bezahlte Werbung in Games massiv auftritt. Besonders für die Zielgruppe Kinder und Jugendliche wird stark auf die Einhaltung von Richtlinien und Gesetzen geachtet, weshalb Werbung in Games für diese Zielgruppe sehr wahrscheinlich zukünftig vermehrt juristischen Prüfungen standhalten muss. Der Rechtsanwalt empfiehlt daher in Einklang mit Rechtsanwalt Michael Rippe eine Prüfung von Fall zu Fall, d. h. bei jeder Integration von Werbung in ein Game.

So könnte man die derzeitige Situation mit den bekannten Worten „Wo kein Kläger, da kein Richter" beschreiben. Aufgrund fehlender Gesetzesurteile beschränkt sich die Diskussion über die rechtlichen Aspekte des In-Game Advertising und auch darüber hinaus des gesamten Online-Gamings auf wenige Aufsätze in juristischen Fachzeitschriften. Diese beschäftigen sich in der Regel mit dem Vergleich z. B. zwischen einem realen Handel und einem virtuellen Handel. Ergebnisse der fachlichen Beiträge sind, dass das existierende Recht im Grundsatz auch auf den virtuellen Handel angewendet werden kann, es bei speziellen Fragen aber durchaus zu neuen Regelungen kommen kann.

Dynamisches In-Game Advertising bietet die Möglichkeiten, über die bestehende Onlineverbindung Werbemittel in Games zu integrieren und im Gegenzug die Aufrufe dieser Werbemittel durch die Gamer zu messen. Wenn in diesem Zuge Nutzerdaten erhoben werden, bedarf es in den Nutzungsbedingungen des Games einer entsprechenden Datenschutzerklärung. Der Gamer muss über die Nutzung und den Inhalt der von ihm übermittelten Daten aufgeklärt werden. In den Nutzungserklärungen eines Games muss ebenso angeführt werden, wenn Spieler aufgrund von Handlungen, die der Spieleanbieter nicht wünscht, gesperrt werden. Dies kann z. B. bei einem vom Spieleanbieter nicht gewollten Handel der Gamer mit virtuellen Gütern der Fall sein.

Um rechtliche Probleme bei der Schaltung von Werbung in Games zu vermeiden, sollten im Wesentlichen folgende Gesetzesvorlagen beachtet werden:

- Die Irreführung: Nach § 4 Nr. 3 UWG ist es verboten, den Werbecharakter von Wettbewerbshandlungen zu verschleiern (unlauterer Wettbewerb). Dieses auch als Schleichwerbung bekannte Verbot ist vor allem bei Product Placements in Games zu beachten.

- Die unzumutbare Belästigung: Nach § 7 Abs. 2 Nr. 1 UWG ist Werbung unzulässig, wenn diese vom Empfänger erkennbar nicht gewünscht wird. Diese Belästigung beschränkt sich im Allgemeinen jedoch auf Individualwerbung, die sich auf einen bestimmten Empfänger beschränkt. So ist dieses Gesetz bei Plakat-, TV-Werbung und In-Game Advertising nicht unbedingt anwendbar, da für den Werbetreibenden nicht ersichtlich ist, dass der Empfänger die Werbung nicht wünscht. [26] Bei Medien mit einem Rückkanal, über den ein Empfänger sich eindeutig zu erkennen gibt und langfristig gezielt erreicht werden kann, könnte dieser Paragraph zur Geltung kommen.

Sobald vermehrt oder sogar übermäßig Werbung in Computerspielen platziert wird und das Spielgeschehen dadurch unterbrochen, gestört oder das Gameplay offensichtlich verlangsamt wird, sind Gerichtsurteile und gesetzliche Regelungen zum In-Game Advertising zu erwarten.

Rechtsverletzungen in Second Life sind heute an der Tagesordnung. So verfügen die meisten Shops in der virtuellen Welt über kein Impressum, auch sucht man die Allgemeinen Geschäftsbedingungen vergeblich. Die Umtausch- und Widerrufsrechte nach dem Deutschen Fernabsatzgesetz sind ebenfalls nicht vorhanden. Auch Urheberrechtsverletzungen, Verletzungen von Markenrechten z. B. bei der Verwendung von Bildern, Logos oder 3D-Objekten sind an der Tagesordnung. Bei einer Untersuchung der *Agentur P4M* im April 2007 wurden 44 Markenpräsentationen aus unterschiedlichen Branchen in Second Life analysiert. Von diesen Marken waren laut Studie etwa 59 Prozent inoffiziell in Second Life vertreten, knapp 23 Prozent offiziell und 18 Prozent hatten keinen Shop und keine Repräsentanz in der virtuellen Welt. Am Fallbeispiel *Lacoste* zeigen die „InternetAgenten" von P4M, dass die Rechtsverletzungen sich von der Kreation über den Verkauf bis hin zum Benutzer ziehen. Linden Lab scheint bei diesen Rechtsverletzungen noch keine allgemeinen Regelungen gefunden zu haben. Nach Auskunft von Philip Rosedale, dem „Schöpfer" von Second Life, werden bei schweren Rechtsverletzungen entsprechende Personen gelöscht. Linden Lab sieht sich aber nicht als „Weltpolizei", sondern stellt nach eigenen Aussagen nur die Technik bereit und vertraut auf einen sich selbst regulierenden Markt. Was bei Ebay mittlerweile durch die Benutzerbewertungen – mit Ausnahmen – gut funktioniert, wird in Second Life aber sicherlich so nicht klappen, auch wenn eine Beurteilungsfunktion zur Verfügung stünde. Die Rufe nach einer internationalen Gerichtsbarkeit für Online-Welten werden deshalb immer lauter. Anfang Juni 2007 kam es dann zu einer ersten Anklage in den USA gegen eine Rechtsverletzung. Das US-Unternehmen *Eros*, Hersteller von virtuellem Sexspielzeug, hat vor einem US-Bezirksgericht Klage gegen einen Avatar mit dem Namen *Volkov Catteneo* eingereicht. Der realen Person hinter dem Avatar wird vorgeworfen, in Second Life ein Gerät namens *SexGen* illegal kopiert und verkauft zu haben. Der Ausgang dieser Anklage ist erst nach Fertigstellung dieses Buches zu erwarten, wir werden aber über unsere Internetseite zu diesem Buch weiterhin darüber berichten (siehe www.in-game-advertising.de).

5. Mediaplanung für In-Game Advertising

Im folgenden Kapitel betrachten wir In-Game Advertising nach den für die Mediaplanung üblichen Kriterien. Letztlich konkurriert Werbung in Computerspielen um die gleichen, knappen Werbebudgets. Jede neue Werbeform muss in diesem *intermedialen Verdrängungswettbewerb* durch Leistungsnachweise überzeugen, wofür die entsprechende Werbewirkungsforschung Entscheidungsgrundlagen liefern muss. Zudem sind Definitionen notwendig, wann ein Werbemittelkontakt vorliegt, um Erkenntnisse über kognitive und affektive Reaktionen auf werbliche Botschaften im jeweiligen Medium zu sammeln. Schließlich gilt es, die optimale Kontaktdosis und Dauer einer Kampagne zu erforschen. Insgesamt werden sowohl qualitative als auch quantitative Kriterien bei der strategischen Media-Selektion berücksichtigt.

Ist die Entscheidung für den Einsatz von In-Game Advertising gefallen, bedarf es auf der zweiten Ebene valider Daten für die *intramediale Werbeträger- und Formatauswahl*. In der Mediaszene spricht man in diesem Zusammenhang auch gern von einer einheitlichen Währung, um Reichweiten und die qualitative Zusammensetzung der erreichten Zielgruppen nach einem Maßstab vergleichen zu können.

So weit der idealtypische Prozess, wie er bei den klassischen Medien und zunehmend auch für die Werbung in den „neuen" Online-Medien abläuft. Um es vorwegzunehmen: Wie bei den meisten neuen Werbeformen fehlt es noch an vielen der oben beschriebenen Informationen und Studien. Letztlich ein klassisches Henne-Ei-Problem: Solange es keine verlässlichen, vergleichenden Daten für die Planung gibt, fließen nur sehr geringe Budgets in eine neue Werbeform. Und solange die Werbeerlöse bescheiden bleiben, fällt es Agenturen, Medien und Vermarktern schwer, die erforderlichen Investitionen in entsprechende Studien zu schultern. Dieses Sich-im-Kreis-Drehen konnte zuletzt bei der Online-Werbung beobachtet werden und dauerte im deutschen Markt fast zehn Jahre an.

Bisweilen werden Mediaentscheider aber auch für ihren Mut belohnt, sich weniger auf die vermeintliche Sicherheit der Zahlen und Rangreihen zu verlassen und auch mal auf ihr Bauchgefühl zu vertrauen. Der Erfolg von Ebay und Amazon beruht beispielsweise zu einem erheblichen Anteil auf massivem Online-Marketing zu einem Zeitpunkt, als es noch keine Internet Facts der Arbeitsgemeinschaft Online-Forschung (AGOF) gab. Auch die ersten Ausgaben einer neuen Zeitschrift können nur ohne Zahlenmaterial mit Anzeigen gefüllt werden. Es gibt keine Alternative, nur so können mediale Innovationen außerhalb des Labors unter realen Bedingungen getestet und zur Marktreife weiterentwickelt werden.

Die nachfolgenden Betrachtungen zur Mediaplanung stellen die aktuell vorliegenden Informationen zusammen und formen so ein Grundgerüst für eine Entscheidung über den Einsatz von In-Game Advertising. Auch hierbei werden wir aus unserer Online-Befragung aus dem Juni 2007 unter Werbetreibenden, Mediaplanern und Publishern zitieren.

5.1   Intermedia-Betrachtung

Angehende Werbekaufleute, Jung-Kreative und Junior-Produktmanager lernen für die einzelnen Mediengattungen oft nur sehr pauschale Stärken und Schwächen:

- TV eignet sich für die Vermittlung von Emotionen und einen schnellen Reichweitenaufbau,

- Radio für kurzfristige Aktualisierung einer Marke ohne visuelle Dimension,

- Print für hochqualitative Kontakte und

- Online für Response.

Weil sich natürlich auf Basis solcher holzschnittartigen Grobcharakteristika keine Millionenbudgets seriös verplanen lassen, vertraut man diese Entscheidungen vernünftigerweise einer professionellen Media-Agentur an. Hier verfügt man über ein wesentlich tiefer gehendes Wissen über die Vor- und Nachteile der einzelnen Medien, ihr Zusammenwirken und natürlich auch über die gängigen Marktpreise.

Aber was ist nun der spezifische Vorteil von In-Game Advertising im Vergleich zu anderen Medien? Welche Aktivitäten können durch Werbung in Computerspielen substituiert werden? Welche werbliche Aufgabenstellung kann ich als Planer der Platzierung von Anzeigen in Games nun besser lösen?

Als erstes Kriterium wird zu fragen sein, welche Mediengattung die definierte Zielgruppe überhaupt nutzt. Allerdings gibt es nur sehr wenige Gattungen, die ausschließlich ein bestimmtes Geschlecht, eine Altersgruppe oder eine soziale Schicht ansprechen. Hier können nur Tendenzaussagen über die Zusammensetzung im Durchschnitt getroffen werden, die auch nur bedingt weiterhelfen. Deshalb vertagen wir diesen Aspekt auf die zweite Stufe der Intramedia-Planung.

Gamer zeichnen sich durch einen extrem hohen Grad an *Aktivierung und Aufmerksamkeit* aus. Ähnlich wie das Internet sind Games ein „Lean-Forward-Medium" und kein „Lean-Backward-Medium" wie das Fernsehen, welches passiv konsumiert wird. Wissenschaftliche Untersuchungen verweisen in letzter Zeit häufiger auf einen Zusammenhang von schlechten Schulleistungen und hohem Medienkonsum, insbesondere übermäßigem Computerspielen. Gemessen wurde die erhöhte Ausschüttung des Botenstoffes Dopamin im Gehirn, der allerdings dafür sorgt, dass das eben Erlebte bevorzugt gelernt wird. Was für eine Verdrängung des Schulstoffes vom Vormittag bei Jugendlichen sorgt, kann sich möglicherweise positiv auf die Werbeerinnerung von Erwachsenen im Vergleich etwa zum Fernsehen auswirken. Eine Studie des Instituts für Medienforschung in München sieht übrigens durchaus auch positive Aspekte von Computerspielen, etwa indem man sich mit komplexen Problemsituationen auseinandersetzt und taktisches Denken anwendet, um Probleme geordnet lösen zu können. [27]

Ein weiterer Aspekt der Intermedia-Selektion sind die *kreativen Möglichkeiten* und die Auswahl der eingesetzten Medien. In-Game Advertising gehört zur multimedialen Kommunikation, es können also statische und bewegte Bilder ebenso eingesetzt werden wie Töne und Musik. Mehr noch, durch die oft dreidimensionale Darstellung können Produkte in Spielen auf eine völlig neue Art erfahren und von der Zielgruppe erforscht werden. Der Nutzer kann beispielsweise um das neue Automodell herumgehen, sich hineinsetzen oder es sogar im virtuellen Raum Probe fahren. Auf die kreativen Aspekte bei der Kampagnengestaltung im In-Game Advertising gehen wir in Kapitel sechs näher ein.

In Abhängigkeit vom Zielmarkt einer Kampagne kann auch die *regionale oder lokale Aussteuerung* einer Kampagne eine Rolle spielen. Fernsehen und Zeitschriften kommen primär für nationale Kampagnen zum Einsatz, Radio ist gut geeignet für regionale Einsätze, Zeitungen dominieren den lokalen Werbemarkt. Das Internet ist per Definition das „World Wide Web", allerdings mit natürlichen Sprachgrenzen und es wird auch zunehmend für den regionalen Einsatz entdeckt. So können Nutzer regional differenziert über ihre Einwahlknoten ins Netz angesprochen, das sogenannte IP-Targeting. Diese Technik kommt auch für In-Game Advertising grundsätzlich in Betracht, auch bei browserbasierten Online-Spielen ist eine Regionalisierung möglich.

Expertenumfrage: Budgetumschichtung für In-Game Advertising

Im Rahmen unserer Befragung von 105 Marketingspezialisten haben wir auch die Frage gestellt, aus welchen Mediagattungen sie Budget in Richtung In-Game Advertising umschichten würden, um hier aktiv zu werden, da die Mittel ja meist limitiert sind. Mit über 40 % am häufigsten genannt wurde eine Reduktion der Werbung in Zeitschriften, gefolgt von TV-Werbung mit 35 % und Werbung in Zeitungen und auf Plakaten mit jeweils 32 %. Nach dieser Spitzengruppe folgt Sponsoring mit 27 % sowie klassisches Product Placement mit 26 %. Vergleichweise selten genannt wurden dagegen eine Reduktion der PR-Aktivitäten (5 %), Direktmarketing (7 %) und Online-Werbung (11 %).

Zunächst spielt bei der Interpretation dieser Ergebnisse auch die aktuelle Struktur des Kommunikationsmix eine Rolle. Schließlich kann man nur aus Aktivitäten Budgets umschichten, in denen bereits Aktivitäten bestehen, und das sind für einen großen Teil der Unternehmen eben die Klassiker Print und TV. Aber natürlich spielen bei der Beantwortung auch Substitutionsbeziehungen in der Wahrnehmung der Experten eine große Rolle. Interessant ist vor allem, dass Online-Werbung vergleichsweise selten genannt wurde, obwohl dieses Medium hinsichtlich der Interaktivität und der Endgeräte die größte Nähe zur Werbung in Computerspielen hat. Offenbar trennen Entscheider sehr klar zwischen dem mehrheitlich response-orientierten Werben im Internet mit Bannern, Suchmaschinen und E-Mails und der eher branding-orientierten Präsenz in Games.

Dies erklärt auch die starke Nennung von Print und TV als Medien, aus denen Budget für Aktivitäten in Games abgezweigt würde. Auch hier wird die Werbewirkung weniger aus direkten Interaktionen abgeleitet, sondern vielmehr auf Basis längerfristiger und indirekter Beobachtungen von Images, Einstellungen und des Kaufverhaltens. Als Branding-Kanal wird In-Game Advertising also auch entsprechende Nachweise eines Einflusses auf den Markenvierklang Bekanntheit, Sympathie, Kaufbereitschaft und Besitz erbringen müssen. Hierbei wird es vor allem darauf ankommen, möglichst schnell Erfolgsbeispiele in einem signifikantem Budgetrahmen vorweisen zu können, da die Resultate von zaghaften Tests allein durch ihre Budgetgrößenordnung kaum aussagekräftig sind. Die Verlagerung von zwei bis drei Anzeigenseiten aus einem Nachrichtenmagazin und die alternative Verwendung der dadurch freiwerdenden 100 000 € Budget für In-Game Advertising werden in ihrer Auswirkung auf Bekanntheit und Markenimage ebenso wenig monokausal ein klares Ergebnis zeigen wie die isolierte Schaltung dieser Anzeigenseiten selbst.

5.2 Qualitative Aspekte und Genreauswahl

Ein weiterer, wesentlicher Aspekt ist natürlich die unterschiedliche *Eindrucksqualität der Werbeumfelder*. Eigentlich als Schätzwert für die emotionale Stärke der durch eine Werbemaßnahme beim Adressaten induzierten emotionalen Ereignisse definiert, ist damit auch der neudeutsche „Fit" zwischen Werbemittel und Werbeträger hinsichtlich Inhalt und Stimmung gemeint. Eine elitäre Marke in einem Boulevard-Umfeld läuft Gefahr, von ihrem Glanz einzubüßen. Eine „Schweinebauchanzeige" in einem Hochglanzmagazin fällt sicher auf, aber wahrscheinlich nicht positiv. Das Qualitätsargument wird gerade von den Vermarktern der klassischen Medien Print und TV gerne gegen die „Neuen Medien" wie das Internet ins Feld geführt. Hierbei wird nur zu gerne geflissentlich übersehen, dass längst nicht jedes

Print-Produkt reif ist, um vom Art-Directors-Club prämiert zu werden. Und auch nicht jedes reichweitenstarke TV-Format taugt für den Grimme-Preis. Hier ein paar Beispiele:

- Das Medium Fernsehen macht immer wieder mit Formaten wie *Big Brother*, das *Dschungel Camp* und Sendern wie *9Live* Negativ-Schlagzeilen. Harald Schmidt prägte in diesem Zusammenhang das böse Wort vom Unterschichten-Medium Fernsehen. Viele große Werbetreibende sehen in solchen Umfeldern die Gefahr einer Beschädigung ihrer Marken und lehnen hier eine Buchung trotz hoher Reichweiten ab.

- TV steht aber auch für Programme und Formate auf hohem oder zumindest solidem journalistischen Niveau und erfolgreiche Unterhaltungssendungen. Es fällt schwer, Angebote wie *Sabine Christiansen*, *Stern-TV*, *Wer wird Millionär* oder *TV-Total* mit den oben genannten Negativbeispielen in einen Topf zu werfen.

- Ähnlich ist es im Print-Lager: Nur zu gern werden von den Verlagen mit der Gattung Print solche Titel wie der *SPIEGEL*, die *FAZ*, *Brigitte* oder auch noch *Gala* assoziiert. Als ob es keine Boulevard-Zeitungen, kein *Coupé*, keine Yellow-Press gäbe.

- Dann wären da noch die Segnungen des modernen Format-Radios mit seiner immensen Jingle-Dichte, den ewig gleichen Top-Ten-Titeln und den aufgekratzten, stets gut gelaunten und unglaublich lustigen Morning-Show-Moderatoren, im gleichen Boot mit Sendern wie WDR2 oder Klassik-Radio.

- Auch bei *Kinowerbung* kommt es sehr darauf an, in welchem Film man gerade sitzt: Wartet man in einem Programmkino auf die neueste Wenders-Produktion, in einem Multiplex auf eine Schmonzette mit Cameron Diaz oder eben auf die gerade in den letzten Jahren wieder überaus erfolgreichen Horrorstreifen wie *SAW* oder *Hostel*?

Je nach Neigung und Geschmack werden Marketingentscheider und auch Mediaplaner eher die positiven oder negativen Beispiele vor Augen haben, wenn sie an eine der genannten Mediagattungen denken, und jede Meinung hat ihre Berechtigung. Schließlich kann man den unerwünschten Umfeldern in der Intramedia-Auswahl im Regelfall ausweichen.

Welches Bild aber haben die gleichen Entscheider von Computer- und Videospielen als Werbeträgern? Es wird entscheidend von Faktoren wie Alter und Geschlecht abhängen, ob dieser Entscheider oder diese Entscheiderin selber spielt und noch Anschluss an diese sich ungeheuer schnell entwickelnde Mediengattungen hat. Oder ob schon eigene Kinder ihren Eltern die neuen Spielegenerationen näher gebracht haben. Denken Werbetreibender und Planer an Bandenwerbung in Fußball-Simulationen und Produktintegrationen bei den *Sims*? Oder sehen sie das Klischee vom gewalttätigen *Counterstrike*-Gemetzel vor ihrem geistigen Auge, bei dem virtuelles Blut auf ihre Werbe-Integration tropft? Zugegebenermaßen keine schöne Vorstellung, aber letztlich auch nicht realistischer als beispielsweise das Programm-Sponsoring einer ostdeutschen Sektmarke für die TV-Erstausstrahlung von *Haus der 1000 Leichen* auf RTL II.

Das oft positive Image klassischer Medien wie Print und TV ist natürlich auch das Ergebnis eines geschickten Gattungsmarketing der Verlage, Sender und Vermarkter. Schließlich geht es um viel Geld, genauer gesagt um über 20 Milliarden Euro allein in Deutschland. Games waren bislang kein Werbemedium, der Vertriebsmarkt wuchs zwar unaufhaltsam, aber gemessen an anderen Medien doch im Verborgenen. Bislang reichte es aus, wenn die Gamer die Produkte mit satten jährlichen Wachstumsraten kauften. Das in manchen Kreisen negative Image der Branche war vor allem bei Diskussionen über den Jugendschutz ein geschäftliches Hindernis. Auch wenn der Launch eines neuen Game-Titels oft mehr Umsatz bringt, ist die Medienberichterstattung über die meisten neuen Kinofilme wesentlich umfangreicher. Auf diesem Gebiet stehen den Vermarktern von In-Game Advertising noch umfangreiche Aufgaben bevor. Die Negativbilder von indizierten Metzelspielen (die es natürlich auch gibt) müssen der Realität von Computer- und Videospielen als selbstverständliches Element der Freizeitgestaltung und der Mediennutzung weichen.

Es bedarf keiner weiteren Diskussion, dass gewaltverherrlichende Computer- und Videospiele kein geeignetes Umfeld für Werbung sind, auch dann nicht, wenn diese im Einzelfall über hohe Reichweiten verfügen. Wo genau die Trennlinie verläuft, ist allerdings eine schwierige Frage, die wohl auch individuell beantwortet werden muss. So werden z. B. viele Werbetreibende kein inhaltliches Problem mit TV-Werbung in Serien wie *24,* in Werbeinseln einer *Stirb langsam* -Wiederholung haben, wenn es um die Erreichung jüngerer, männlicher Zielgruppen geht. Aber wie bewertet man ein Computerspiel, in dem der vom Nutzer gesteuerte virtuelle Akteur bewaffnet gegen Terroristen antritt und diese aus der Ego-Shooter-Perspektive mit der gleichen Konsequenz aus dem Weg räumt wie Bruce Willis oder Kiefer Sutherland? Der Zuschauer wird hier zum Akteur, drückt also selbst den Abzug am Joystick oder Gamepad, muss dies sogar tun, um im Spiel zu überleben und um das nächste Level zu erreichen.

Der Inhalt von Gewalt an sich disqualifiziert ein Game ebenso wenig als Werbeträger wie einen Film, es kommt – ähnlich wie bei der Einordnung von Filmen als jugendgefährdend durch die FSK – auf die Einbettung einer Szene in den Zusammenhang an, auch wie voyeuristisch und detailgetreu Gewalt dargestellt wird. Die Intention einer drastischen Darstellung von Gewalt wird sich zwischen Filmen und Spielen oft unterscheiden. Tom Hanks wird als *Soldat James Ryan* in den Kugelhagel bei der Landung in der Normandie geschickt, um das Grauen des Krieges zu verdeutlichen. Das Spiel *Medal of Honor* simuliert als Ego-Shooter die gleiche historische Begebenheit. Der Spieler nimmt hier gewissermaßen den Platz von Tom Hanks im Landungsboot ein. Ein solches Produkt wird von der Zielgruppe aber wohl weniger aus pazifistischen Beweggründen gekauft, sondern vielmehr wegen des Adrenalin-Kicks. Konsequenterweise wurden zwei Versionen dieses Spiels 1999 und 2000 in Deutschland als gewaltverherrlichend indiziert. Über die Motivation der Kinobesucher im Film von Steven Spielberg kann man nur spekulieren, aber auch hier wird ein Teil des Publikums den Anti-Kriegsfilm eher als Action-Reißer konsumiert haben.

Halten wir fest: Gewalt und Action in einem Werbeumfeld sind bei Computer- und Videospielen durch den Wechsel der Perspektive vom Zuschauer zum Akteur im Zweifel grundsätzlich restriktiver zu beurteilen. Als vollautomatisches K.o.-Kriterium taugt es unserer Meinung nach ebenso wenig wie ein vollständiger Werbebann für alle TV-Krimi-Serien. Ein klarer Indikator für die Eignung ist allerdings eine Indizierung als jugendgefährdend und eine damit verbundene Freigabe „Ab 18". Solche Games sollten unserer Meinung nach als Werbeumfeld absolut gemieden werden, während ein actionorientiertes Jump and Run-Spiel wie *Tomb Raider: Legend* mit der Pop-Kultur-Ikone Lara Croft und einer Freigabe ab 16 für bestimmte Marken und Zielgruppenkonstellationen aus unserer Sicht noch denkbar wäre.

Glücklicherweise gibt es eine reichhaltige Auswahl an Spiele-Genres, die völlig oder überwiegend gewaltfrei sind. Die Top 10 der meistverkauften Konsolenspiele zeigt Sportspiele wie die Fußballsimulation *Fifa 2006* ganz vorne, gefolgt von Unterhaltungstiteln wie das Karaoke-Spiel *SingStar*, Spiele zu Filmen wie *Fluch der Karibik* und „*Spider-Man* und die virtuellen Welten der *Sims*. Dies zeigt, dass die in den Medien übermächtige Diskussion über Gewalt in Computerspielen kein repräsentatives Bild dieser Mediengattung zeichnet.

Auch im Rahmen unserer eigenen Online-Befragung im Mai/Juni 2007 haben wir unsere 105 Experten gefragt, welches Genres von Computerspielen sie für eine Einbindung von Werbung für geeignet erachten. Jede Klassifizierung von Genres birgt natürlich immer die Gefahr von Missverständnissen und einer mangelnden Trennschärfe der Einteilung. Um auch Teilnehmern der Befragung mit weniger Berührungspunkten zur Gaming-Szene eine Beantwortung zu erleichtern, haben wir die Genres mit möglichst prominenten und repräsentativen Beispielen hinterlegt. Die Ergebnisse als Mittelwerte sind in Abbildung 10 dargestellt.

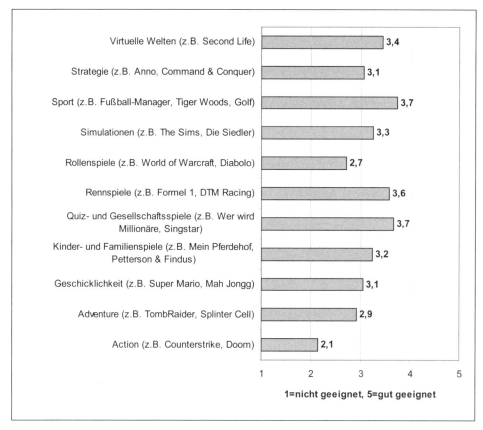

Quelle: Eigene Online-Befragung im Mai und Juni 2007, 105 Fälle
Abbildung 10: *Eignung von Computerspiel-Genres als Werbeumfeld aus Sicht der befragten Marketingexperten*

Die höchste Akzeptanz als Werbeträger haben demnach Sportspiele wie z. B. Fußball-Manager sowie Quiz- und Gesellschaftsspiele à la *Wer wird Millionär?*, dicht gefolgt von Auto-Rennspielen. Unmittelbar danach kommen virtuelle Welten wie *Second Life* oder die *Sims*. Die mittlerweile eingetretene Ernüchterung im Hype um Metaversen wie *Second Life* hat ja auch weniger mit deren konzeptionellen Attraktivität als Werbeumfeld zu tun, als vielmehr mit mangelnder Reichweite und überzogenen Erwartungen.

Am Ende der Skala liegen erwartungsgemäß die Actionspiele und Ego-Shooter wie *Counterstrike*. Interessant ist hier der doch recht große Unterschied zu den „Adventure"-Spielen, wobei wir hier *Tomb Raider* als Beispiel genannt hatten. Auch in Adventure-Spielen wird ausgiebig geschossen.

Ebenfalls wenig Zuspruch finden die meist in Fantasy- und Mittelalter-Szenarien angesiedelten Rollenspiele. Da gerade diese Spiele zur Flucht aus dem Alltag genutzt werden, wäre eine Konfrontation der Spieler mit Werbung hier möglicherweise auch kontraproduktiv. Zur selbstironischen Betonung der neudeutschen „Heritage" einer Marke (z. B. ein Bier) ist es andererseits durchaus vorstellbar.

Für die meisten Marken werden sich passende Umfelder finden, bei denen eine Einbindung hinsichtlich Zielgruppe und inhaltlichem Kontext glaubwürdig und natürlich ist. Wesentlich für die Auswahl eines Genres wird neben dem Produkt auch die Tonalität der Kampagne sein. Dies gilt bei den integrativen Formen des In-Game Advertising noch stärker als bei der reinen Einbindung von Werbeflächen. Gerade weil Werbung in Computerspielen als neues Umfeld unter stärkerer Beobachtung steht als etablierte Medien, sollte im Zweifel bereits im Rahmen des Briefings über den Ausschluss bestimmter Genres gesprochen werden, um so den Handlungsspielraum abzustecken. Naturgemäß werden Ego-Shooter ein deutlich geringeres Erlöspotenzial aufweisen als z. B. Sportsimulationen, was sich mittelfristig auch auf die Höhe der Verkaufspreise dieser Spiele auswirken wird. Schließlich wird Sportspielen und anderen begehrten Genres eine zweite signifikante Erlösquelle in Form von Werbung erwachsen, die anderen Genres verwehrt bleibt.

5.3   Intramedia-Planung:
Quantitative und qualitative Reichweiten

Gehen wir im Folgenden davon aus, dass die strategische Media-Entscheidung für einen Einsatz von Games als Werbeträger gefallen ist und auch auf qualitativer Ebene eine Entscheidung steht, welche Genres ausgeschlossen sind. Nun geht es auf der taktischen Ebene darum, welche Spieletitel oder auch welche Gruppe von Spielen als Werbeträger konkret belegt werden soll.

Die übliche Herangehensweise in den klassischen Medien ist die Bildung von Rangreihen nach Kriterien wie Affinität (Übereinstimmung zwischen Kampagnenzielgruppe und Medienzielgruppe) und Preis-Leistung wie der Tausenderkontaktpreis in der Zielgruppe. Über diese Kriterien sollen Streuverluste minimiert, die Reichweite maximiert und eine möglichst wirtschaftliche Verwendung des Budgets sichergestellt werden. Der Mediaplaner startet also ein Planungstool wie MDS, TV-Control oder MediMach, wählt eine Studie als Datenquelle und beginnt mit der Zählung. Dabei kann er sich idealerweise auf die Korrektheit und Vergleichbarkeit der Daten aufgrund der Kontrolle durch unabhängige Institutionen wie die Arbeitsgemeinschaft Media-Analyse e.V. (kurz AG.MA) praktisch blind verlassen. Zudem hat sich am Markt eine allgemein akzeptierte Konvention zur Definition eines Kontaktes für die jeweiligen Mediengattungen etabliert.

Schade nur, dass eine solche konsistente Datenbasis für den In-Game Advertising-Markt noch nicht vorliegt. Selbst an einheitlichen Definitionen, was ein Kontakt ist, mangelt es noch, da die Branche einfach noch zu jung ist. Die im Nachfolgenden dargestellten Informationsquellen und pragmatischen Konzepte können das Fehlen einer solchen einheitlichen Datenbasis nicht kompensieren. Mittelfristig werden Publisher, Vermarkter und Media-Agenturen nicht umhin können, eine gemeinsame Studie aufzulegen, ähnlich wie es die Online-Media-Szene mit den Internet Facts der AGOF seit zwei Jahren geschafft hat. Solange eine solche einheitliche Datenbasis fehlt, wird eine tiefe Beschäftigung mit dem Thema In-Game Advertising und damit die Einschaltung von Experten unverzichtbar sein.

5.3.1 Abverkaufszahlen

Beginnen wir bei der Annäherung an die Reichweite einzelner Computerspiele bei den verkauften Einheiten. In der Welt der Zeitschriften und Zeitungen werden verkaufte Auflagen der jeweiligen Titel von den Verlagen gemeldet und durch die IVW, die „Informationsgemeinschaft zur Feststellung der Verbreitung von Werbeträgern e.V.", regelmäßig auf Plausibilität geprüft und überwacht. Da sich der Preis einer Anzeige und damit auch der Anzeigenumsatz maßgeblich an der Auflage festmachen, gibt es auch immer wieder Diskussionen, wie zuverlässig diese Zahlen sind. Der ein oder andere Verlag sah sich auch schon einem Manipulationsverdacht ausgesetzt, was für die Umsätze der betroffenen Titel hohe Risiken für die Umsatzentwicklung birgt.

Folgt man dem Print-Prinzip, müsste die Anzahl der verkauften Exemplare pro Spiel ermittelt und durch eine neutrale Instanz auf Stimmigkeit geprüft werden. Würde die Branche dann noch nach einheitlichen und überprüfbaren Kriterien – z. B. über eine gemeinsame Umfrage unter den Nutzern – die durchschnittliche Anzahl der „Spieler pro Kopie" ermitteln, stünde der Berechnung der Bruttoreichweite für jedes Spiel als Werbeträger nichts mehr im Weg. Onliner würden diese Zahl als „Unique Gamers" bezeichnen analog zu den „Unique Usern", die im Rahmen der AGOF durch cookie-basierte Messtechniken auf den Websites und Belegungseinheiten gemessen werden.

Eine regelrechte IVW-Prüfung der Verkaufszahlen von Computer- und Videospielen gibt es in Deutschland noch nicht. Allerdings ermittelt *media control GfK International* bereits seit Jahren die Verkaufszahlen von Games über ein Handelspanel. Hierbei werden die Verkaufszahlen von über 2 000 Verkaufsstellen und Händlern jede Woche elektronisch an die Großrechner in Baden-Baden übertragen und aktualisiert. Dies entspricht immerhin einer Abdeckung von 70 Prozent des Gesamtmarktes.

Damit wären die verkauften Einheiten eines Games zunächst schon recht exakt und von einer neutralen, vertrauenswürdigen Quelle erfasst, wenn auch nicht IVW-geprüft. Zu diesen verkauften Exemplaren kommen aber noch die Raubkopien, die sich aller Abwehrmaßnahmen zum Trotz zu einem ernstzunehmenden Problem für die Computerspiel-Industrie entwickelt haben. Die Gesellschaft zur Verfolgung von Urheberrechtsverletzungen (GVU) ermittelte bereits 2004, dass etwa 54 Millionen Datenträger jährlich zur illegalen Vervielfältigung von Computer- und Videospielen genutzt werden. Vergleicht man diese Zahl mit der Anzahl der verkauften Computer- und Videospiele aus 2006 lt. GfK, wird die Dimension des Problems deutlich: Verkauft wurden nämlich nur 44,7 Millionen Einheiten. Damit wird der Branche ein Schaden von über 400 Millionen Euro zugefügt, dies entspricht mehr als einem Drittel des offiziellen Umsatzvolumens mit Games im Vorjahr. Viele große Games-Publisher wie Electronic Arts oder Ubisoft engagieren sich deshalb in der GVU.

Raubkopien erhöhen die Reichweite erheblich

Bei der technischen Reichweite im Sinne der Verkaufszahlen von Games ist also auch eine erhebliche Dunkelziffer zu berücksichtigen, die in den offiziellen GfK-Zahlen nicht abgebildet wird.

5.3.2 Spieler pro Kopie

Hinzu kommt die Hochrechnung der Anzahl pro Spieler, die auf ein Exemplar entfällt, ähnlich wie dies auch im Print-Sektor gemacht wird. Der Leser einer Zeitschrift ist laut Definition der MA eine Person, die in der Befragung angibt, die jeweilige Ausgabe einer Zeitschrift ganz oder teilweise gelesen zu haben. Naturgemäß unterscheidet sich diese Zahl erheblich von der laut IVW verkauften Auflage, sei es durch Mehrfachleser innerhalb eines Haushaltes oder auch durch öffentliche Auslagen von Lesekreisexemplaren z. B. in Arztpraxen. So verzeichnet das Nachrichtenmagazin DER SPIEGEL bei 1 050 397 verkauften Exemplaren laut IVW I/2007 eine Reichweite von 5,81 Millionen (MA 2007/1) bei einer durchschnittlichen Lesedauer von intern im Rahmen von Copy-Tests ermittelten 2,5 Stunden. Die Relation beträgt in diesem Beispiel also 5,5. Die gängige Messgröße des Lesers pro Exemplar (LpE) ermittelt sich aus Lesern pro Ausgabe dividiert durch die verbreitete Inlands-Auflage. Sie liegt bei den meisten Titeln aber eher in einer Größenordnung von zwei bis drei.

Für Games gibt es hier leider noch keine verlässlichen Zahlen für die Hochrechnung von verkauften Exemplaren zur Reichweite. Durch die Existenz von Tauschbörsen für Spiele oder auch die zunehmende Verbreitung von Multiplayer-Games ist davon auszugehen, dass für Games ähnliche Hochrechnungsfaktoren gelten wie für Print-Titel.

Der zweite wesentliche Faktor neben der Anzahl der verbreiteten Exemplare eines Games und der Anzahl der Spieler pro Kopie ist die Zeit, die ein Gamer mit einem Spiel zubringt. So hat das US-amerikanische Marktforschungs-Institut NPD Group eine durchschnittliche Spieldauer von 41,7 Stunden ermittelt bei Männern zwischen 18 und 34 Jahren für das jeweils zuletzt gekaufte Spiel. Der Wert variiert aber stark von Spiel zu Spiel. Wer selbst spielt, wird sicher schon an sich beobachtet haben, dass eine „Spielsession" vor dem Computer oder der Konsole von überschaubaren 30 Minuten schnell auch mal mehrere Stunden in Anspruch nehmen kann, wenn der Ehrgeiz erst einmal geweckt ist. Leidenschaftliche Rollenspieler können im Verlauf von Wochen und Monate mehrere Hundert Stunden in einem Spiel zubringen, ohne dass Langeweile aufkommt. Auf der anderen Seite gibt es natürlich auch Games, deren Gameplay (die Handlung) auf das Absolvieren einer vorgezeichneten Aufgabenstrecke ausgelegt sind, die schon nach acht bis zehn Stunden schlicht bewältigt ist.

5.3.3   Eyeball Hours und Erlöspotenziale

Die Dauer der Beschäftigung mit einem Spiel ist höchst relevant, um die „*Eyeball Hours*" eines Spiels zu berechnen. Eyeball Hours sind eine zunehmend diskutierte Maßeinheit für den Medienkonsum. Sie bezeichnen die Zeit, in der die Augen und damit die Aufmerksamkeit der Nutzer auf den Bildschirm und die dort präsentierten Inhalte fokussiert sind. Diese Größe kann eine Brücke zur TV-Planung schlagen und den Vergleich beider Medien auf einer einheitlichen Basis ermöglichen. Sie fasst mit folgender Formel die Gesamtnutzung eines Spiels zusammen:

Kopien eines Spiels x Spieler pro Kopie x Spieldauer = Eyeball Hours

Damit definieren die Eyeball Hours eines Games letztlich auch dessen Potenzial zur Werbevermarktung. In der folgenden Tabelle haben wir verschiedene Erkenntnisse aus verschiedenen Quellen zueinander in Beziehung gesetzt, um die oben beschriebenen Eyeball Hours, die Reichweiten und die Anzahl der Spieler pro verkaufter Einheit zu ermitteln und auf Plausibilität zu prüfen.

Die Berechnung ergibt das durchaus plausible Ergebnis, dass pro verkauftem Spiel durchschnittlich 2,6 Nutzer angesprochen werden. Dieser Faktor wird sicher pro Spiel erheblich variieren, ebenso wie die durchschnittliche Spieldauer von 42 Stunden pro Spiel. Schließlich geben bestimmte Rollenspiele mit einem definierten Anfang und Ende des Handlungsverlaufes nicht mehr als 10 bis 15 Stunden Handlung (Gameplay) her.

Bevölkerung 14-49 Jahre (lt. TdW)	35,24 Millionen
Tägliches durchschnittliche Zeitbudget der 14- bis 49-Jährigen für Video und Computerspiele lt. TimeBudget 11	23 Minuten
Hochrechnung: Jährliche Eyeball Hours für Computer- und Videospiele in Deutschland (Millionen)	4 931
Verkaufte Spiele in Dtld. (Millionen Exemplare)	44,7
daraus resultierende Stunden pro verkauftem Spiel (h)	110
durchschn. Spieldauer in Stunden (US-Studie)	42
daraus resultierende Nutzer pro Spiel	2,63

Tabelle 6: *Ableitung der Eyeball Hours pro verkauftem Game*

Eine häufig zitierte Analogie zwischen TV und Computerspielen hinsichtlich der Eyeball Hours vergleicht ein Game mit fünf Millionen verkauften Einheiten mit der populärsten TV-Serie in den USA, den *Sopranos*. Bei bis zu 200 Stunden bis zum erfolgreich durchlaufenen Spiel ergeben sich so eine Milliarde Eyeball Hours, während es die *Sopranos* im US-Markt auch auf „nur" fast 1,5 Milliarden bringen. Damit wird suggeriert, dass das Potenzial für die Werbeeinnahmen der erfolgreichsten Computerspiele durchaus an die besten TV-Formate heranreichen kann.

Nach unseren oben berechneten Annahmen kommt das nicht ganz hin, insbesondere die 200 Stunden werden im *Durchschnitt* wohl nicht erreicht, auch wenn sie bei Spielen mit hohem Bindungspotenzial durchaus zutreffend sind. Aber übersetzt auf Deutschland könnte man z. B. die 2 Millionen durchschnittlichen Zuschauer in der werberelevanten Zielgruppe der 14- bis 49-Jährigen einer Sendung wie der US-Serie „Desperate Housewives" für die gesamte Staffel mit 20 Folgen auf 40 Millionen Eyeball Hours taxieren. Unterstellt man die oben berechneten 110 Stunden pro verkauftem Game, würde ein Spiel mit etwas über 360 000 verkauften Einheiten in Deutschland eine vergleichbare Zuwendung im Sinne von Eyeball Hours erzielen. Noch einmal zum Vergleich: Ein Topseller wie die Fußballsimulation *Fifa 07* verkaufte sich weltweit im WM-Jahr über 3 Millionen Mal laut Publisher Electronic Arts.

Natürlich hinkt dieser Vergleich, wie dies fast jeder Vergleich tut. Aber bleiben wir noch einen Moment bei dem Beispiel, setzen unsere „Milchmädchenrechnung" fort, um das Umsatzpotenzial einer solchen TV-Staffel mit dem Computerspiel zu vergleichen. Das Potenzial an TV-Werbung ist laut Rundfunkstaatsvertrag für Privatsender auf 20 Prozent der täglichen Sendezeit beschränkt. Innerhalb einer insgesamt einstündigen Serien-Ausstrahlung kommt man so auf 12 Minuten TV-Werbung, von denen wir bei einer guten Auslastung auch 10 Minuten (also 20 Spots a 30 Sekunden) verkaufen. Setzt man als Preis für den „30-Sekünder" eher konservative 15 000 Euro an, erwirtschaftet eine solche Staffel von 20 Folgen über 400 verkaufte Spots einen Werbeerlös von 6 Millionen Euro brutto.

Dies ist eine Erlösdimension, bei der Game-Publisher sehr hellhörig werden dürften. Wenn ein Spiel mit vergleichbarer Aufmerksamkeit im Sinne der Eyeball Hours eine Auflage von 360 000 Kopien im deutschen Markt erreichen muss, so erhält der Publisher bei einem unterstellten Handelsabgabepreis von 20 Euro Vertriebserlöse von 7,2 Millionen Euro. Dieses Zahlenbeispiel zeigt, dass im Markt für Computer- und Videospiele eine Relation von Vertriebs- und Werbeerlösen wie im Zeitschriften-markt vorstellbar ist. Und als Wettbewerbsvorteil gegenüber anderen Publishern wäre eine zweite Erlösquelle aus Werbung in dieser Dimension von entscheidender Bedeutung im Wettlauf der immer aufwendiger werdenden Entwicklungsprozesse und Werbeschlachten.

Um die aufgeregten Gemüter der klassischen Mediaplaner nach dieser doch recht schlichten Betrachtung wieder etwas zu beruhigen: Natürlich hinkt der Vergleich, allein schon, weil das Spiel nur eine wesentlich geringere Nettoreichweite (also unterschiedliche Konsumenten) anspricht. Ebenfalls nicht in der Betrachtung enthalten sind die über 50-jährigen Zuschauer, die natürlich auch auf Werbung reagieren, selbst wenn sie in der gängigen Branchen-Konvention als „nicht-werberelevant" gelten.

Trotzdem zeigt die Beispielrechnung, wie viel Musik in In-Game Advertising steckt. Hochgerechnet auf über 44 Millionen verkaufte Spiele ergibt sich im Rahmen der oben aufgeführten Annahmen ein deutsches Marktpotenzial für In-Game Advertising in Höhe von immerhin 880 Millionen Euro. Dies ist eine Größenordnung, die in etwa der Hälfte des aktuellen Marktes für Online-Werbung entspricht. Und hier schließt sich der Kreis: Während der durchschnittliche Bundesbürger um die 50 Minuten täglich das Internet nutzt, spielt er oder sie im Schnitt 23 Minuten täglich. Und damit wären die Relationen zwischen dem realen Online-Werbemarkt und dem Potenzial für In-Game Advertising doch plausibel.

5.3.4   Panelbasierte Nutzungsmessung

Einen aus der TV-Forschung abgeleiteten Ansatz zur Quantifizierung der Nutzung von Computer- und Videospielen verfolgt derzeit *Nielsen* mit der in den USA erho-benen Studie *GamePlay Metrics*. Hierfür wurden zunächst die Spielkonsolen in den über 12 000 Haushalten aus dem landesweiten TV-Panel mit der People-Meter-Technologie von Nielsen aufgerüstet, um die passive Nutzung aufzuzeichnen. Damit erfasst die Studie die Mediennutzung von ca. 33 000 in diesen Haushalten lebenden Amerikanern. Das System umfasst die derzeit sechs gängigsten Spielekonsolen:

PlayStation 2, PlayStation 3, XBOX, XBOX 360, Wii und GameCube. Die einzelnen Spieletitel werden anhand einer Audio-Signatur erkannt, die Beobachtung des Spieleverhaltens ist damit frei von verfälschenden Interview-Situationen oder Erinnerungslücken bei Selbstauskünften. Dies ist vor allem wichtig, um die effektive Nutzung von in der Öffentlichkeit umstrittenen Titeln korrekt zu erfassen. Das System misst die tatsächliche Nutzungszeit für jeden Spieletitel. Zusätzlich werden diese Nutzungsdaten mit dem üblichen demographischen Daten der Spieler sowie deren TV-Präferenzen verknüpft. Damit werden also nicht nur quantitative und qualitative Planungsdaten bereitgestellt, es können auch crossmediale Effekte zum TV berücksichtigt werden. Dies ist auch insofern relevant, da eine parallele Nutzung von Games und TV zumindest bei Konsolen im Regelfall ausgeschlossen ist, da beide Unterhaltungsformen über die gleiche Mattscheibe laufen.

Konsole	Juni 2007			Mai 2007		
	Anteil an Gesamt-spiel-dauer in %	durch-schnitt-liche Anzahl der Spiel-Sessions pro Tag	durch-schnitt-liche Dauer einer Session	Anteil an Gesamt-spiel-dauer in %	durch-schnitt-liche Anzahl der Spiel-Sessions pro Tag	durch-schnitt-liche Dauer einer Session
PlayStation 2	42,3	1,95	62	45,7	1,88	58
XBOX	17,0	2,17	62	15,1	2,03	53
XBOX 360	8.0	2,21	61	12,1	1,93	68
GameCube	5,8	1,76	55	6,9	1,71	57
Wii	4,0	1,78	57	3.0	1,70	52
PlayStation 3	1,5	1,88	83	1,3	1,66	58
Andere	21,3	1,84	62	15,9	1,76	56
Gesamt	100.0	1,99	62	100.0	1,89	58

Tabelle 7: *Nielsen GamePlay Metrics: Nutzungstrend Mai/Juni 2007*

Im Juli 2007 wurden zum ersten Mal Ergebnisse veröffentlicht, nachdem bereits seit Oktober Daten gesammelt wurden, um die Methode zu validieren und zu verfeinern. Danach nutzten hochgerechnet auf die US-Gesamtbevölkerung über 68 Millionen US-Amerikaner eine Videospielkonsole im Juni 2007 an im Schnitt 7,5 Tagen im Monat mit knapp 2 Sessions pro Nutzungstag (also 15 Sessions pro Monat). Hochgerechnet bedeutet dieses ein Nutzungspotenzial von 1,054 Milliarden Eyeball

Hours für Konsolen-Games in einem Monat. Die Ergebnisse zeigen die noch klare Dominanz der PlayStation 2 auf dem Konsolenmarkt, die über 42 Prozent der gesamten Spielenutzung auf sich vereinigt. Die typische Spiele-Session auf Konsolen dauert im US-Markt derzeit 62 Minuten (siehe Tabelle 7).

Parallel misst Nielsen auch die Nutzung von Computerspielen auf Personal Computern. Die Video Game Tracking Befragung wertet Online-Fragebögen über die Spielenutzung von 1 200 PC-Spielern im Alter von 7 bis 54 Jahren. Jeder dieser Teilnehmer spielt pro Woche mindestens eine Stunde und hat mindestens ein Video- oder Computerspiel in den letzten sechs Monaten gekauft. Diese Online-Befragung läuft bereits seit über zwei Jahren in den USA.

Rang Juni 2007	Rang Mai 2007	Spieletitel	AA %‡	durchschn. Minuten pro Woche gespielt	proz. Anteil an allen Spielminuten pro Woche
1	1	World of Warcraft	84,5	1.043	18,0%
2	3	Halo: Combat Evolved	17,1	510	3,6%
3	2	The Sims (Reihe)	15,5	235	3,3%
4	6	Halo 2	13,8	509	2,9%
5	7	RuneScape	13,1	673	2,8%
6	12	Madden NFL 07	9,7	378	2,1%
7	27	Warcraft III	9,3	671	2,0%
8	11	Warcraft	8,7	508	1,9%
8	4	Counter-Strike (Reihe)	8,7	478	1,8%
10	8	Grand Theft Auto (Reihe)	8,4	314	1,8%

Tabelle 8: *Beliebteste PC-Spiele in den USA im Juni 2007 laut Nielsen GamePlay Metrics; AA % ist definiert als Anteil der PC-Spieler, die das Spiel mindestens einmal im betrachteten Monat gespielt haben.*

Nielsen stellt die so erhobenen Nutzungsdaten den Kunden der Studie wöchentlich aktuell zur Verfügung, ein Aktualisierungsturnus, der bei den aktuellen Planungsprozessen im In-Game Advertising absolut ausreichend ist. Zur weiteren Verfeinerung der Daten haben Nielsen und Sony im Juli 2007 eine Zusammenarbeit zur gemeinsamen Messung und Auswertung der Nutzung von Spielekonsolen. Insgesamt sind die Daten von Nielsen GamePlay Metrics ein wichtiger Schritt zur Erforschung dieser Mediagattung in den USA. Neben der Mediaplanung für In-Game Advertising sind sie natürlich auch eine ideale Marktforschungsquelle für die Spiele-Publisher, um die Nutzung der Spiele in der Zielgruppe detaillierter zu verstehen und zukünftige Entwicklungsprozesse darauf auszurichten.

Eine direkte Übertragung der Daten auf den deutschen Markt ist zumindest, was die Nutzung einzelner Titel angeht, nicht sinnvoll. Zu unterschiedlich sind z. B. die Vorlieben für bestimmte Sportarten, die sich in den jeweils favorisierten Spiele-Simulationen niederschlagen: Dort die Amercian Football-Simulation Madden NFL 07, hier die FIFA-Serie für den europäischen Fußball. Aber schließlich käme im TV-Sektor auch kein Planer auf die Idee, die Einschaltquoten einer US-Serie einfach so auf die deutschen Zuschauer zu übertragen.

5.3.5 Kontaktdefinitionen

Eine zentrale Größe in der Mediaplanung ist der Werbekontakt. Für jede Mediagattung hat sich im Laufe der Jahre eine Definition herausgebildet, die überwiegend auf dem Kontakt der Zielgruppe mit dem Werbeträger beruht. Zur Ableitung und Beurteilung der Kontaktdefinition für In-Game Advertising hier eine kurze Übersicht der Kontaktdefinitionen aus der MA nach Unger [28]:

- Ein *Leser* einer Zeitschrift ist eine Person, die diese Zeitschrift ganz oder teilweise gelesen oder durchgeblättert hat. Ermittelt wird die Erinnerung innerhalb einer Befragung für einen zurückliegenden Zeitraum von drei bis 12 Monaten. Ein Kontakt mit dem Werbemittel, also der Anzeige selbst, ist so natürlich nicht ermittelbar, lediglich eine Wahrscheinlichkeit oder Möglichkeit kann dargestellt werden.

- Als *Seher* gilt laut AG.MA eine Person, die mindestens 60 Sekunden innerhalb einer halben Stunde durchgehend das jeweilige Programm genutzt hat. Gemessen wird dies über das GfK-Telemeter, welches sekundengenau den Fernsehkonsum von über 5 000 Panel-Haushalten aufzeichnet. Da durch Zapping die tatsächlichen Reichweiten eines Werbeblocks so nur sehr unzureichend ermittelt werden, greifen die Planungstools auf die Originaldaten der GfK zurück.

- Ein *Radiohörer* ist jede Person, die Kontakt, gleich welcher Länge, mit einer Hörfunksendung gehabt hat.

- Ein *Kinobesucher* ist eine Person, die irgendeinen Film ganz oder auch nur teilweise gesehen hat, übrigens unabhängig davon, ob diese Person rechtzeitig zum Start der Kinowerbung im Saal war.

- Im *Internet* wird durch die technische Messung der IVW-Online die Anzahl der Page-Impressions erhoben, also die Anzahl der Seitenaufrufe. Da mit jeder neu aufgerufenen Seite üblicherweise auch mindestens ein Banner ausgeliefert wird, entspricht eine Page-Impression einer oder mehreren Ad-Impressions, die über den Adserver gezählt werden. Hinzu kommt die Bestimmung der Unique User, also die Anzahl unterschiedlicher Nutzer einer Website aus einer Kombination aus technischen Verfahren (das Setzen sogenannter Cookies) und Befragungen über das Surfverhalten.

◼ Diese sehr unterschiedlichen Kontaktdefinitionen zeigen, wie schwierig eine intermediale Vergleichbarkeit allein der reinen Quantität der Kontakte ist, von einem Vergleich der Qualität ganz zu schweigen. Außerdem wird deutlich, wie wenig präzise die klassischen Medien beim Nachweis der tatsächlichen Konfrontation der Zielgruppe mit der jeweiligen Botschaft sind. Als jüngstes Medium schneidet das Internet in dieser Disziplin noch am besten ab. Gebucht werden entweder Klicks in Suchmaschinen oder Ad-Impressions von Bannern im TKP-Modell. Im Gegensatz zu praktisch allen anderen Medien erhält der Werbetreibende nicht eine voraussichtliche oder wahrscheinliche Medialeistung, die auf Basis von Vergangenheitswerten berechnet wurde. Die Leistung wird nach den tatsächlich erbrachten Ad-Impressions abgerechnet, der Werbekunde erhält auch in Zeiten mit schwächerer Online-Nutzung wie etwa an heißen Sommertagen den gleichen Gegenwert, während schwächer verkaufte Auflagen einer Zeitschrift nur indirekt und unvollständig über Garantieauflagen oder saisonale Anzeigenpreise abgebildet werden.

◼ Allerdings gibt auch diese, insgesamt sehr klare Definition eines Kontaktes immer noch Anlass für Diskussionen zwischen Agenturen und Vermarkter. So gilt laut Konvention und AGB praktisch aller deutschen Online-Vermarkter die Ad-Impression als erbracht, sobald die Werbung vom Adserver des Vermarkters über den Ad-Request abgerufen wurde. Die tatsächlich ausgelieferte Menge an Banner-Werbemitteln, wie sie über den Adserver der Agentur des Kunden gezählt wird, weicht typischerweise zwischen fünf und 15 Prozent nach unten ab. Ein zweites Problem ist die Auslieferung von Werbebannern weiter unten auf einer HTML-Seite oder am äußeren rechten Rand. Je nach Bildschirmauflösung des Users werden diese Banner nicht oder nicht vollständig sichtbar, es sei denn, der Nutzer „scrollt" mit der Maus nach unten oder nach rechts. Trotzdem gelten diese Banner rein technisch gesehen als korrekte Ad-Impressions.

So weit ein Blick auf die Kontaktdefinitionen der klassischen Medien und im Online-Markt, aber wie sind Kontakte in Computer- und Videospielen definiert? Diese Spiele werden ja überwiegend nicht linear wie z. B. das Fernsehen genutzt, es wird also nicht vom Werbeträger vorgegeben, in welcher Reihenfolge was auf dem Bildschirm zu sehen ist, sondern eher wie im Internet durch die Interaktion des Nutzers bestimmt. Stellen wir uns eine virtuelle Stadt in einer Rennsimulation wie „Need for Speed", einem Metaversum wie „Second Life" oder in einem Action-Spiel wie „GTA" vor. Werbeflächen, die in dieser virtuellen Umgebung platziert werden, können zwar von allen Spielern gesehen werden, wenn diese die bestimmten Plätze aufsuchen, es ist aber durchaus nicht gesagt, dass diese Werbemittelkontakte auch tatsächlich stattfinden.

Während sich die Mediaplaner in Kenntnis der Kontakt-Definitionen in den klassischen Medien noch mit der reinen Möglichkeit eines echten Kontaktes zufrieden gegeben hätten, hat die Online-Welt die Messlatte erheblich höher gesetzt. Daher existieren verschiedene, durchaus schon sehr differenzierte Ansätze zur Kontaktdefinition im In-Game Advertising. Vor allem für das dynamische In-Game Advertising ist eine saubere Kontaktdefinition von entscheidender Bedeutung für die Abrechnung der Leistung.

Die Microsoft Tochter Massive Inc. betreibt eine eigene Adservertechnologie für Auslieferung und Reporting von dynamischem In-Game Advertising. Hierbei werden drei Kriterien herangezogen, um einen effektiven Werbemittelkontakt (Impression) zu definieren, der in Reporting und Abrechnung eingeht:

- Die *effektive Größe auf dem Bildschirm*: Bezogen auf unser Beispiel einer virtuellen Stadt, wird die vom Nutzer wahrgenommene Größe eines Plakates davon abhängen, wie nah der Spieler an das Werbemittel herankommt. Ist das Plakat noch weit entfernt, wird es in der dreidimensionalen Perspektive sehr klein auf dem Bildschirm dargestellt. Möglicherweise ist weder die Marke noch das Produkt noch der Text klar erkennbar. Abhilfe schafft hier eine klare Definition, wie groß das Werbemittel mindestens auf dem Bildschirm zu sehen sein muss, um als Kontakt zu gelten. Diese Mindestgröße ist wiederum abhängig von der Größe des gebuchten Motivs.

- Der *Betrachtungswinkel*: Steuert der Spieler seinen Avatar beispielsweise auf einem Bürgersteig durch die virtuelle Stadt, wird ein Plakat im „Vorbeigehen" möglicherweise durch die Perspektive so stark verzerrt, dass es nicht mehr lesbar ist. Der Spieler müsste also ein paar Schritte zurücktreten oder direkt vor der Werbefläche stehen bleiben, um die Botschaft aufnehmen zu können. Der ideale 90 Grad-Winkel für eine total frontale Ansicht ist in einem dreidimensionalen Raum natürlich nicht zu verlangen, selbst die meisten Fernsehzuschauer sitzen nicht zentriert vor ihrer Glotze, sondern in einem familiären Halbkreis ums Gerät versammelt. Massive Inc. definiert daher einen Betrachtungswinkel von mindestens 45 Grad als ausreichend für das Zustandekommen eines Kontaktes.

- Die *zeitliche Dauer der Sichtbarkeit*: Gerade bei Auto-Rennspielen wird eine vorüberfliegende Bandenwerbung nicht ausreichen, um eine bleibende Werbeerinnerung beim Spieler zu hinterlassen. Zahlreiche Spiele leben von viel Bewegung auf dem Bildschirm, einer ständigen Standortverlagerung durch Bewegungen an Gamepad oder Maus. Gemäß der Kontaktdefinition des Massive-Adservers ergibt die kumulierte Einblendung von mindestens 10 Sekunden Dauer einen Kontakt.

Kreativen mag diese Zeitspanne vielleicht kurz vorkommen, sind sie doch an die 30 Sekunden dauernden Kino- und TV-Spots gewöhnt. Für ein so schnelles Medium wie Games ist dies eine kleine Ewigkeit. Vergleicht man diesen Wert mit Eyetracking-Studien und Daten aus der klassischen Rezeptionsanalyse von Print-Anzeigen, wird eine typische ganzseitige Anzeige von der Mehrzahl der Leser nur für ein bis drei Sekunden betrachtet, der Schnitt liegt um 2,2 Sekunden. Auch die Betrachtungsdauer eines Plakatmotivs in der Außenwerbung bewegt sich auf einer Bandbreite von ein bis drei Sekunden.

Ein Kontakt im Sinne des Massive-Adservers wird also erst gezählt und abgerechnet, wenn alle drei oben genannten Kriterien einer Werbeeinblendung erfüllt sind. Die kumulative Berechnung eines Kontaktes lässt sich gut am Einsatz eines Plakats in einer Autorennsimulation verdeutlichen: Wenn der fahrende Spieler das Plakat als Billboard in der erforderlichen Größe und im Mindestwinkel in jeder Runde an zwei Stellen jeweils für eine Sekunde sehen kann, entsteht erst nach fünf Runden eine abrechnungsfähige Ad-Impression (wie die Werbemittelkontakte in Anlehnung an die Online-Welt auch oft genannt werden). Die aktuelle Preisliste von Massive Inc. weist für solche Kontakte einen TKP auf einer Bandbreite von 35 bis 60 Euro aus.

Einen sehr ähnlichen Weg beschreitet IGA Worldwide in der Definition eines Kontaktes. Auch hier wird der Sichtkontakt mit einem Werbemittel erst dann abgerechnet, wenn die drei Kriterien Größe, Dauer und Winkel gleichzeitig gegeben sind. Es gibt allerdings Unterschiede im Detail:

■ Die *Größe* des Werbemittels muss mindestens eine Größe von 4 Prozent des Bildschirms aufweisen. Unterstellt man hierfür eine mittlerweile durchaus gängige Auflösung von 1024 x 768 Pixel, entspricht dies also 31 457 Bildpunkten. Das ist etwas mehr als der klassische Fullsize-Banner aus dem Online-Marketing mit 468 x 60 Pixel. Bei einem Seitenverhältnis von 2:1 wäre die minimale Größe für einen gültigen Kontakt also 250 x 125 Pixel. Bei Spielen mit geringerer Auflösung oder Konsolenspielen, bei denen die Auflösung durch den Anschluss an einen Fernseher determiniert ist, sind die genannten Pixelgrößen entsprechend kleiner. Allerdings dominiert für DIGA eindeutig der PC als Plattform.

■ Der minimale *Betrachtungswinkel* für einen gültigen Kontakt ist nicht als Zahl definiert, sondern variiert je nach der Bewegungsgeschwindigkeit im Spiel. Eine Golf-Simulation wird hier also anders eingestuft als ein Rennspiel.

■ Der wichtigste Unterschied tritt bei der *Betrachtungsdauer* zutage. IGA Worldwide geht hier von einem Mindestwert von zwei Sekunden aus, der allerdings ungeteilt in einem Stück geschehen muss. Die Betrachtungsdauer wird also nicht kumuliert aus mehreren Einzelkontakten mit dem Werbemittel zusammengesetzt. Alle kürzeren Betrachtungsdauern finden natürlich trotzdem statt, sind damit aber nicht abrechnungsrelevant, sondern eine Gratis-Überlieferung.

Halten wir also fest, dass die beiden größten Vermarkter von dynamischem In-Game Advertising zwar mit Größe, Winkel und Dauer die gleichen drei Kriterien für die Definition eines Kontaktes ansetzen, diese aber unterschiedlich interpretieren. Solange es keine unabhängigen Werbewirkungsstudien gibt, die vergleichend eine Überlegenheit der kumulativen, dafür aber zeitlich deutlich längeren Kontaktdefinition von Massive Inc. oder der unteilbaren, aber kürzeren Kontaktdefinition von IGA Worldwide belegen, bleibt es eine Glaubensfrage, was die Wirkung einer In-Game Kampagne zutreffender abbildet. Dies hat auch mit der Natur des Spiels und der generellen Auslastung mit Werbung zu tun. Bestimmte Genres werden eher viele, vergleichsweise flüchtige Kontakte im Rahmen ihres Gameplays produzieren, andere Spielegattungen eher wenige, dafür sehr intensive Kontakte. Ein langer, zusammenhängender Betrachtungsvorgang mag mehr für das eigentliche Ziel – die Werbeerinnerung – bringen als sehr viele kürzere Kontakte. Auf der anderen Seite nennt man z. B. im Online-Bereich eine Kontaktdosis von fünf bis sechs Kontakten mit einer Kampagne als optimal. Insgesamt ist hier noch forscherisch einiges zu tun.

Problematisch ist natürlich die Uneinheitlichkeit der Kontaktdefinition für Mediaplaner beim Vergleich von Angeboten verschiedener Vermarkter. Auch der Gesamtausweis von Kontakten in einem konsolidierten Reporting leidet unter den Abweichungen. Hier ist die Branche aufgefordert, möglichst schnell einen einheitlichen Standard zu schaffen, wie er für alle anderen Medien längst selbstverständlich ist. Die Werbeform ist sicher noch sehr jung, aber die im Rahmen der Marktstudien in Aussicht gestellten Milliarden-Erlöse im Laufe der nächsten fünf Jahre werden ohne nachvollziehbare und einheitliche Reichweitenstandards und Kontaktdefinitionen sicher nicht eintreten.

5.4   Werbeerinnerung

Die nunmehr erfolgte Definition eines Kontaktes im In-Game Advertising sagt natürlich nichts darüber aus, ob dieser auch zu Werbeerinnerung bzw. Werbewirkung führt. Zur Erinnerung: Im Print-Bereich ist ein Kontakt nicht mehr als ein Werbeträgerkontakt, also nur die Möglichkeit, mit der Anzeige in Kontakt zu kommen. Hier sind Online-Werbung und auch das In-Game Advertising schon einen großen Schritt weiter, es werden nur echte Werbemittelkontakte gezählt.

Laut einer Online-Befragung von *TNS Emnid* sagten 71 Prozent der Befragten, dass ihnen Werbung in Games nichts ausmache. Die Hälfte der Befragten meinte sogar, dass echte Marken und Produkte ein Spiel realistischer machten. Aber lässt sich diese positive Grundeinstellung zur Werbung in Computerspielen auch als positives Vorzeichen für Werbeerinnerung deuten? Hier scheiden sich die Geister an den noch insgesamt eher spärlichen Studien zu dem Thema.

Nielsen Interactive Entertainment kam in einer gemeinsamen Studie mit dem Game-Publisher *Activision* im Dezember 2005 zu dem Ergebnis, dass Spieler die im Spiel integrierte Werbung nicht nur bemerken, auch ein positiver Einfluss auf die Markenwahrnehmung konnte gemessen werden. Innerhalb dieser Studie wurden 1 350 aktive männliche Gamer aus acht US-Städten getestet und befragt. Eine wichtige Voraussetzung hierfür ist allerdings, dass die Werbung das Gameplay nicht stört. Die sehr hohe Konzentration der Spieler überträgt sich demnach auf gute Aufmerksamkeit für werbliche Botschaften. Bestätigt wurden innerhalb der Studie die erhöhten Aufmerksamkeitswerte (Awareness) und die Werbeerinnerung (Recall). Die in diesem Fall getestete Produktintegration der Automarke Jeep in Spiele wie MTX Motortrax oder Need For Speed Underground führen zu einem hohen Grad an Überzeugungskraft (Persuasion), also die Bereitschaft des Konsumenten, die Meinung zu einer Marke zu ändern oder sie anderen zu empfehlen.

Hierbei sind Games laut dieser Nielsen-Studie sogar dem Fernsehen als eher passivem Medium überlegen: Die untersuchten Männer im Alter von 18 bis 34 Jahren nahmen beim Spielen zwischen sechs und sieben Mal mehr Werbeeindrücke in CPM (Counts per Minute) auf als beim Fernsehen in der Primetime, ein Zappen findet hier schließlich nicht statt. Michael Dowling, General Manager bei Nielsen Entertainment, kommentierte die Studienergebnisse folgendermaßen: „Computer- und Videospiele bilden einen relevanten Rahmen für Spieler, um ein Produkt virtuell zu erleben. Damit wird der wahrgenommene USP einer Marke bestätigt und erweitert."

Bei den Vermarktern von Werbung in Computerspielen sind die Forschungsinitiativen der Microsoft-Tochter Massive Inc. hervorzuheben. Im Rahmen unserer Recherchen wurden uns Ergebnisse aus begleitenden Werbewirkungsstudien zu gerade kürzlich in den USA und Europa gelaufenen Kampagnen zur Verfügung gestellt. Aus Gründen der Vertraulichkeit dürfen wir allerdings nicht die konkreten Kunden bzw. Kampagnen nennen. Mit über 100 großen internationalen Werbetreibenden, die im Massive-Netzwerk Kampagnen umgesetzt haben, verfügt das Unternehmen bereits über eine vergleichsweise große Routine bei Planung, Implementierung und Auslieferung von Werbung in Computerspielen. Der Forschungsansatz von Massive Inc. konzentriert sich auf die Messung der wesentlichen Branding-Kennziffern zur Bestimmung des Return on Investment (ROI) der Werbespendings. Werbung in Computerspielen wird damit klar den Above-the-Line-Instrumenten der Kommunikation zugeordnet. Die Studien untersuchen auch unterschiedliche kreative Ansätze und ihre Auswirkungen auf die Branding-Kennziffern. Schließlich werden auch Informationen zur Werbeakzeptanz der Gamer sowie soziodemographische Basisdaten gesammelt.

Zu den untersuchten Kennziffern zur Beurteilung der Werbewirkung im Rahmen der Massive-Studien zählen

- die Bewertung der Marke (Brand Rating)
- die Markenvertrautheit (Brand Familiarity)
- die Neigung zur Markenempfehlung (Brand Recommendation)
- die Kaufabsicht (Brand Purchase Consideration)
- die Werbe-Erinnerung (Motiv und Botschaft) und
- die allgemeine Empfänglichkeit für Werbung.

Durchschnittlich wird für jede kampagnenbegleitende Marktforschung das Untersuchungsdesign auch mit dem Kunden abgestimmt. Befragt werden in jeder Studie mehr als 600 Gamer aus der Kampagnenzielgruppe, die in zwei Gruppen eingeteilt werden: Die Kontrollgruppe spielt ohne Werbeeinblendung, im Regelfall auf einer Plattform ohne Online-Anbindung, die eigentliche Testgruppe sieht die zu untersuchende Kampagne, da sie auf PCs oder Konsolen wie der XBOX mit Online-Anschluss läuft. Durch Vergleich der anschließenden Befragungsergebnisse zwischen Test- und Kontrollgruppe wird der Einfluss der Kampagne ermittelt.

Quelle: Massive Inc.
***Abbildung 11:** Beispiel für ein Billboard im dynamischen In-Game Advertising*

Die letzte Welle der kampagnenbegleitenden Studien wurde mit Kunden aus den Branchen Automobil, Konsumgüter (FMCG), Fast Food und Werkzeug durchgeführt. Kampagnenübergreifend wurden die folgenden signifikanten Veränderungen der Markenbeurteilung in der Testgruppe im Vergleich zur Kontrollgruppe festgestellt:

- Die durchschnittliche Markenbekanntheit erhöhte sich um über 50 %.

- Die durchschnittliche Bewertung der Marke verbesserte sich um 30 % und mehr.

- Die durchschnittliche Kaufabsicht stieg um über 40 % an.

- Die Werbeerinnerung erhöhte sich im Schnitt um über 40 %.

- Die Bewertung der Kampagne verbesserte sich um über 50 %.

Außerdem wurden überlagernde Halo-Effekte gemessen, wonach der Einsatz von Marken im Spiel die Wahrnehmung der Interaktivität eines Spiels steigern, umgekehrt die Werbepräsenz im Spiel die Marken „cool" aussehen lässt.

Einen völlig anderen Weg zur Messung von Werbewirkung in Computerspielen beschreitet das britische Marktforschungsunternehmen *Bunnyfoot* seit November 2006. Hier wird der Spieler über Blickverlaufs-Studien und anhand weitere biometrischer Merkmale wie Pulsfrequenz und Hautwiderstandsmessung passiv beobachtet. Damit möchte Bunnyfoot verzerrende Faktoren durch die Befragung eines Interviewers vermeiden, es wird ausschließlich die „echte" Interaktion zwischen Spieler und Spiel aufgezeichnet. Im Rahmen der Studie wurden 120 Spieler in acht Gruppen auf Games wie *Project Gotham Racing 3*, *NBA Live* und *Gran Turismo 3* verteilt. Resultat ist der *Sponsor Fixation Index (FSI)*, der die aufgezeichneten Körperreaktionen in Abhängigkeit von der Werbeeinblendung und dem Spielverlauf setzt. Hiermit sollen optimale Stellen für Werbeintegrationen in Games ermittelt werden. Auch die Eignung eines Games als Werbeträger insgesamt soll durch die Studie ermittelt werden. Die Ergebnisse waren aus Sicht von Bunnyfoot insbesondere im Hinblick auf die gemessene Aufmerksamkeit der Spieler für die gezeigte Werbung eher enttäuschend. Deutlich wurde aber auch eine große Streuung der Ergebnisse, wobei die Basketball Simulation *NBA live* deutlich besser abschnitt als z. B. *Projekt Gotham Racing 3*.

Quelle: Bunnyfoot
Abbildung 12: *Eyetracking zur Erforschung der Werbewirkung in Games*

Werbeerinnerungsmessung

Gerade die Bunnyfoot-Studie unterstreicht die Relevanz einer klaren Kontakt-definition. Ein einzelner Sichtkontakt für wenige Zehntelsekunden in einem Renn-spiel scheint nicht auszureichen, um eine physiologisch messbare Reaktion beim Spieler hervorzurufen. Daher gilt im Rahmen der Kontaktdefinition von Massive Inc. ja auch erst die kumulierte Sichtbarkeit für mindestens 10 Sekunden in einer defi-nierten Mindestgröße als *ein* Kontakt. Vor dem Hintergrund dieser Kontaktdefinition erscheint uns der Ansatz der Werbeerinnerungsmessung von Nielsen und Massive Inc. wesentlich geeigneter zu sein.

5.5   Anforderungen an die Mediaforschung

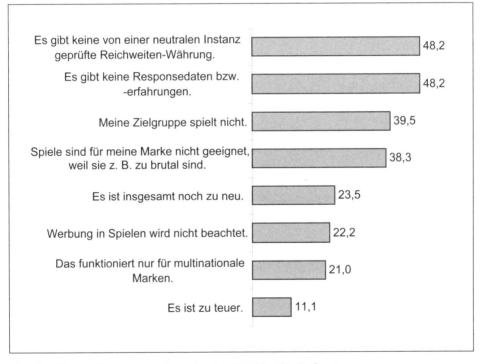

Quelle: Eigene Expertenumfrage im Juni 2007, 105 Befragte
Abbildung 13: *Nachteilige Aspekte hinsichtlich In-Game Advertising und Gründe für eine Zurückhaltung (prozentualer Anteil der Befragten, die zu-stimmen bzw. voll zustimmen)*

Im Rahmen unserer Expertenumfrage haben wir nach Gründen gefragt, die einem Einsatz von In-Game Advertising entgegenstehen (siehe Abbildung 13). Überraschenderweise führen Unsicherheiten über die Eignung von In-Game Advertising an sich die Rangliste *nicht* an. Vorurteile im Sinne von „Das ist zu teuer" oder „Das ist insgesamt noch zu neu" liegen im Mittelfeld auf den hinteren Rängen. Als häufigster Grund für eine Zurückhaltung wurde die fehlende einheitliche Reichweiten-Währung genannt, sowie dass keine Response-Erfahrungswerte vorliegen. Interesse an oder gar Begeisterung für diese neue Werbeform entheben Mediaentscheider nicht von der Notwendigkeit, ihre Entscheidung für einen Werbeträger gegenüber dem Kunden rechtfertigen zu müssen. Zyniker würden sogar so weit gehen zu behaupten, dass die Korrektheit der Planungsdaten weniger wichtig ist als ihre allgemeine Akzeptanz als Reichweitenstandard.

Aus verschiedenen Betrachtungen in diesem Kapitel zur Mediaplanung für In-Game Advertising sollte deutlich geworden sein, dass die zur Verfügung stehenden Informationen über Verbreitung und Nutzung von Computer- und Videospielen für eine professionelle Mediaplanung unbefriedigend sind. Selbst wenn aufwendige Studien nie die Realität völlig korrekt abbilden, geben sie doch mit ihrem Zahlengerüst eine rationale Entscheidungsgrundlage, vor allem im Intramedia-Bereich zwischen verschiedenen Angeboten. Aber auch bei der strategischen Entscheidung für oder gegen In-Game Advertising, also im Intermedia-Wettbewerb, wäre ein solideres Zahlenfundament durchaus wünschenswert, selbst wenn Eindrucksqualität und Definition eines Kontaktes höchst unterschiedlich sind.

Nun hat auch die Online-Branche von 1996 (dem Beginn des werbefinanzierten Internets in Deutschland) bis zum Herbst 2004 gebraucht, bis mit den Internet Facts der AGOF eine einheitliche und halbwegs vollständige Datenbasis für die Mediaplanung im Internet vorlag. Und selbst heute werden sich viele Online-Mediaplaner unter mehr oder weniger vorgehaltener Hand eingestehen, dass die AGOF nicht das alleinige Maß der Dinge ist, sondern dass Response-Erfahrungen mit Belegungseinheiten und Formaten oft eine größere Rolle spielen. Allerdings tritt In-Game Advertising nicht als Below-the-Line-Ansatz mit ausgeprägter Response-Orientierung an, sondern vielmehr als Branding-Option. Damit ist eine valide Bestimmung der erreichbaren Zielgruppe unabdingbar.

Was wünscht sich also ein Mediaplaner von den Vermarktern für In-Game Advertising? Von welchen Fehlern und Erfolgen der Onliner kann die junge Branche lernen? Und wie können Informationen im intermedialen Wettbewerb eine Hilfe sein? Hier die aus unserer Sicht fünf wichtigsten Punkte:

1. *Einigkeit:* Kaum eine Mediagattung verträgt die parallele Existenz konkurrierender Studien und „Währungen". Erst recht keine noch sehr junge Werbeform mit kaum messbaren Umsätzen, wie es In-Game Advertising heute noch ist. Alle TV-Milliarden Umsätze basieren letztlich auf der Messung des Fernsehverhaltens von „nur" 5 500 Haushalten. Die Online-Branche versuchte es über Jahre hinweg mit vielen verschiedenen Studien wie IVW Online, GfK Online Monitor, Agirev und @facts. Keiner wusste, worauf er vertrauen konnte. Keine Studie umfasste alle Online-Medien gleich detailliert. Erst, als sich die Größen der Branche im Online-Vermarkter-Kreis (OVK) im BVDW organisierten und alle Budgets für quantitative und qualitative Reichweitenforschung in einen Topf warfen, konnte mit der AGOF ein Durchbruch erzielt werden.

2. *Methodik:* Jeder Reichweiten-Standard ist besser als keiner. Marktforscher neigen offenbar grundsätzlich dazu, sich in methodischem Diskussionen oder Scharmützeln zu verlieren. Es ist auch nicht notwendig, das Rad neu zu erfinden, solange die Besonderheiten eines Mediums halbwegs korrekt abgebildet sind.

3. *Evolution:* Der Markt braucht schnell eine transparente Entscheidungsgrundlage. Daher sollte nicht nur an einer möglichst umfassenden Studie gearbeitet werden, sondern es sollten im Vorwege schon Teilbereiche veröffentlicht werden, die später ein sinnvolles Ganzes ergeben. Es wäre hochgradig sinnvoll, die bereits vorliegenden Verkaufszahlen mit der typischen Spieldauer ermittelt aus einem kleinen Panel zu kombinieren. Wenn dann noch erste Daten zur soziodemographischen Struktur der Spieler kommen, hat die Mediaplanung eine Basis zum Arbeiten. Sinnvoll könnte auch sein, im ersten Schritt die Nähe zu einer bestehenden Studie zu suchen (z. B. AGOF, ACTA u. ä.), um neben der Frage, ob Games gespielt werden, auch eine Liste der 50 bis 100 wichtigsten Spiele mit abzufragen.

4. *Offenheit:* Es ist empfehlenswert, bei Aufstellung einer neuen Studie möglichst frühzeitig den Kontakt zur AG.MA zu suchen und auch Agenturen und Kunden nach ihren Anforderungen zu fragen. Wird dies erst nachgeholt, wenn die Studie steht, provoziert man nur Widerstände und Kritik der anderen Mediagattungen und von übergangenen Verbands-Granden.

5. *Tools:* Was helfen die schönsten Zahlen, wenn sie in den Agenturen nicht auswertbar sind? Daten sollten über zumindest eines der gängigen Mediaplanungstools zugänglich gemacht werden. Eine schnelle und auch gute Lösung wäre die Bereitstellung eines Online-Tools auf einer Verbands-Website.

6.   Kreative und technische Aspekte

6.1   Die Realisierung von Werbung in Games

Bislang sind wir primär in der Logik der Mediaplanung geblieben und haben analysiert, ob Computerspieler eine interessante Zielgruppe darstellen und, wenn ja, für welche Kampagnen und Produkte Games als neuer Werbeträger in Betracht kommen. Jeder Kreative würden den Spieß natürlich umdrehen und zunächst ein zwingendes Konzept für die werbliche Integration einer Marke in Spiele entwickeln und wenn überhaupt erst danach fragen, ob die Zielgruppe dieses Produkts überhaupt spielt. Da die allermeisten Zielgruppen in irgendeiner Form an Computern, Konsolen oder Handhelds spielen, lässt sich der Vorgang ohne größeren Schaden umdrehen.

Steht also die Kampagnenidee am Anfang und sucht man hierfür passende Medien, um diese zu transportieren, oder plant man methodisch sauber von der Zielgruppe über die Medien zur kreativen Umsetzung? In der Werbepraxis haben beide Herangehensweisen ihre Berechtigung. Der Impuls für den werblichen Einsatz von Computer- und Videospielen kann natürlich auch von kreativen Überlegungen ausgehen. Daher stellen wir im folgenden Kapitel Games als Werbeträger aus kreativer Sicht dar. Hierbei möchten wir keine schlüsselfertigen Ideen und Konzepte vorstellen, die einfach 1:1 adaptierbar sind, sondern Textern, Grafikern und Programmierern Möglichkeiten aber auch Grenzen des Mediums aufzeigen. Als weitere wichtige Inspirationsquelle sollen auch die im anschließenden Kapitel 7 zusammengestellten Fallstudien dienen.

Jeder Werbeträger hat neben den Aspekten der Mediaplanung auch für die Kreativen seine eigenen Gesetze. Dies beginnt bei eher handwerklichen Fragen etwa zur Schriftgröße einer Anzeige oder auf einem Plakat und endet mit Überlegungen zu den unterschiedlichen kognitiven und affektiven Prozessen in den jeweiligen Medien. Diese medienspezifischen Gesetze zur Gestaltung bilden sich größtenteils durch Erfahrung, also durch Trial and Error. Für ein junges Medium wie In-Game Advertising werden sich diese Gesetze noch entwickeln müssen. Das Rad muss aber auch nicht völlig neu erfunden werden, einige Hinweise lassen sich auch aus anderen Medien ableiten.

Zuvor wollen wir aber noch die Frage der Formatspezifikationen und der technischen Aspekte bei der Realisierung von In-Game-Advertising-Kampagnen vor allem in der dynamischen Variante erläutern. Um Kampagnen mit einem wirtschaftlich vertretbaren Aufwand für Publisher, Kunde und Agentur einer relevanten Zahl von

Spielern zugänglich zu machen, bedarf es Standards und technischer Systeme. Diese Standards begrenzen natürlich die konzeptionelle Kreativität in gewisser Weise, auf der anderen Seite ermöglichen sie eine Einbindung in so komplexe Software wie Computerspiele überhaupt erst. Daher sind aus unserer Sicht die Konzeption, die kreative Umsetzung und die technische Realisierung ein zusammenhängender Fragenkomplex.

6.1.1   In-Game Advertising als konzeptionelle Herausforderung

Kommunikation bedeutet für viele Kreative immer auch das Spielen mit Erwartungen, Träumen und Gewohnheiten der Konsumenten. Der Mensch im beginnenden 21. Jahrhundert ist täglich über 3 000 Werbebotschaften ausgesetzt, von denen er nur einen Bruchteil halbwegs bewusst wahrnimmt. Bislang waren Spiele ein weitgehend werbefreier Raum, nun wird auch dieses mediale Terrain erschlossen. Wir haben bereits die grundsätzliche Offenheit der Gamer für Werbung in Spiele erwähnt. Das bedeutet aber noch lange nicht, dass die Computerspieler auf jede Werbefläche virtuell zuilen werden, um sie eingehend zu betrachten, oder dass sie ihren virtuellen Ferrari an der Strecke zum Halten bringen, um das Logo auf der Bandenwerbung zu bewundern. Mit einer konsistenten Kontaktdefinition kann in Games zwar – anders als in anderen Medien – sichergestellt werden, dass der Kontakt mit dem Werbemittel auch tatsächlich stattgefunden hat, aber wie sollte das Werbemittel gestaltet sein, um einen maximalen Eindruck beim Gamer zu hinterlassen?

Holger Jung und Jean-Remy von Matt bringen einen mittlerweile wohl allgemein durchgesetzten Ansatz zeitgemäßer Kommunikation in ihrem Buch „Momentum" wie folgt auf den Punkt: „Was wir dem Verbraucher bieten müssen, ist ein Spiel, auf das er sich freiwillig einlässt. Eins, das er bis zu Ende mitspielt und bei dem er sich zwangsläufig eine Botschaft selbst erarbeitet. Da jedes Erfolgserlebnis positiv emotionalisiert, wird der Absender eines solchen kommunikativen „Spielchens" zusätzlich noch einen Sympathievorteil bekommen. Einfach gesagt: Ohne Spaß am Dekodieren, kein Spaß an der Werbung."[29]

Kommunikation *als Spiel* in den klassischen Medien und Kommunikation *im Spiel* – beides setzt demnach auf die Neugierde des Nutzers. Hierbei muss der Reiz der Werbebotschaft sich allerdings in einem vom Konsumenten wesentlich selbstbestimmteren Umfeld durchsetzen als in den klassischen Medien. Der Kinogänger redet bei öder Werbung mit seinem Nachbarn, der TV-Zuschauer zappt weg, der Zeitschriftenleser blättert gelangweilt weiter. Aber jeder dieser Mediennutzer wurde in einem linearen Medium mit der Botschaft zumindest kurz konfrontiert. Ein nichtlineares, interaktives Medium wie ein Computerspiel kann nur Kontaktchancen bieten. Wenn der Spieler auf diese aber nicht eingeht, wird eine Interaktion mit der Marke nicht entstehen. Dietrich Zastrow, Kreativ-Geschäftsführer bei der Hamburger TBWA, fasst das neue Paradigma der interaktiven Werbung folgendermaßen zusammen: „Wenn die Kampagne den Kunden nicht interessiert, wird sie auch nicht gesehen. Werbung, die ausschließlich auf Penetration setzt, hat ausgedient."

Product Placement, also die Integration der Marke in das Gameplay stellt aus kreativer Sicht die Königsklasse im In-Game Advertising dar. Die verschiedenen Varianten des assoziativen, illustrativen und demonstrativen Advertainment wurden bereits in Kapitel 4 vorgestellt. Als *multimediale, dreidimensionale und interaktive Werbemedien* stellen Games dann eine enorme Herausforderung für Kreativagenturen dar. Wo auf technischer Ebene fast alles möglich ist, geht schnell der Blick für das Wesentliche verloren. Einerseits sollte sich die Marke logisch und möglichst selbstverständlich in die virtuelle Welt des Spiels einfügen. Andererseits muss sie hinreichend herausstechen, um inmitten der vielfältigen optischen und akustischen Reize nicht unterzugehen. Hier gilt es die Balance zu wahren zwischen ausreichender Originalität und Realismus in der Implementierung. Und das Ganze ohne ein Übermaß an Penetranz.

Marke, Produkt und Kampagne auf der einen und das Spiel auf der anderen Seite müssen also nicht nur unter Zielgruppen-Gesichtspunkten, sondern auch in kreativen Aspekten zueinander passen. Eine lichtdurchflutete „Sommer-Sonne-Gute-Laune"-Kampagne für Speiseeis eingebettet in die nächtliche Blade Runner-Optik einer düsteren Science-Fiction-Spielewelt passen allein vom Mood und von der Atmosphäre nicht zusammen. In der TV-Werbung wird Film und Werbung mit einem kurzen Einspieler getrennt, um ein kontrollierbares, klar definiertes Werbeumfeld zu haben. Gerade das möchte man bei integrativen Formen des In-Game Advertising nicht, Spiel, Spieler und Marke sollen ja miteinander in Interaktion treten. Für Dietrich Zastrow von TBWA ist eine Anpassung der Kreation an den Werbeträger nicht nur in Computerspielen ein regelrechter Trend. Gesucht werde immer weniger die Werbeidee, sondern vielmehr die Kommunikationsidee, in der Überlegungen zu Konzept, Kreation und Media verschmelzen. Die Anpassung der Werbemittel in ästhetischer und inhaltlicher Hinsicht an das Spiel wird damit eher zur Regel als zur Ausnahme, wobei die Kosten für diesen Prozess bei der Kampagnenplanung entsprechend berücksichtigt werden müssen. Außerdem ist es erforderlich, dass Konzepter und Designer die für eine Integration in Frage kommenden Spiele aus eigener Anschauung gut kennen, möglichst auch selber begeisterte Gamer sind.

Inwieweit *Humor* und ein Schuss Selbstironie eine gute Basis für eine Produktintegration in das Gameplay darstellen, hängt auch vom Spiel und von der Marke ab. Eine in den klassischen Kampagnen weitgehend humorfreie, eher cool-distanzierte und erwachsene Marke sollte auch in einem Computerspiel nicht albern werden. Dagegen kann sich eine Marke wie *Red Bull* so ziemlich alles leisten, außer Langeweile zu verbreiten. Das kann mit dem naheliegenden Einsatz als „Lebenselixier" zur Revitalisierung eines angeschlagenen Avatars in einem Adventure oder Action-spiel anfangen und muss mit fortgeschrittenen Flugeigenschaften in einer Welt wie Second Life noch lange nicht aufhören.

Neben der Dreidimensionalität stellt sich also die *Interaktion mit dem Produkt* bzw. mit der Marke. Werbetreibende und vor allem die Kreativen müssen sich von der Idee lösen, dem Rezipienten eine fertige Story zum Konsum vorzusetzen. Die Ziel-gruppe möchte spielerisch involviert werden, durch werbliche Reize sollte ihre Neu-gierde geweckt werden. Onliner kennen die Krux mit der Interaktivität nur zu gut: Der Nutzer entscheidet, ob und wie intensiv er sich mit einem werblichen Angebot beschäftigt. Das ist für klassische Werber mit ihren linearen Medien eine völlig neue Erfahrung. Freiwillige Beschäftigung mit Werbung statt Ausblenden und Wegzap-pen? Das setzt auch voraus, sich wirklich in den Nutzer hineinzuversetzen und die eigene Betriebsblindheit und Markenverliebtheit hinten anzustellen. Sonst gibt es ein böses Erwachen, wenn es die Nutzer z. B. doch nicht so spannend finden, auf eine Second Life-Insel zu fliegen, um dort ein virtuelles Schuhgeschäft zu begehen. Wer-bung in interaktiven Medien kann oft grausam sein für Kreative, die es gewohnt sind, nur wenig bis gar kein direktes Kundenfeedback für ihre Ideen zu ernten. Der kommunikative Ansatz kann in den Augen der Kreation noch so zwingend sein, er mag sogar Preise einheimsen, aber wenn es nicht den Nerv des Nutzers trifft, wird die Kampagne entsprechend zurückhaltend aufgenommen. Der Spieler muss noch nicht einmal „wegzappen", er zappt erst überhaupt nicht hin.

Natürlich gibt es auch zahlreiche Produkte und Marken, die in der realen Welt so begehrenswert sind, dass der Nutzer auch in der virtuellen Welt nicht auf sie verzich-ten kann oder sie endlich besitzen möchte. Turnschuhe einer bestimmten Marke können ebenso dazugehören wie italienische Sportwagen. Diese *Kultmarken* haben vergleichsweise einfaches Spiel mit den Gamern. Gerade weil Markenpräsenz in Games noch nicht selbstverständlich ist, sorgt ihr Auftauchen für erhöhte Aufmerk-samkeit und Interaktion mit der Zielgruppe. Marke und Produktkategorien mit ho-hem Involvement stehen allerdings auch in Games unter besonderer Beobachtung der Zielgruppe. „Ihre" Marke sollte die Gamer in „ihrer" Spielewelt genauso wenig enttäuschen wie im wirklichen Leben. Eine bittere Pille wartet dann beispielsweise auf Automobilhersteller, wenn diese als einer von mehreren Fahrzeugtypen in einem Rennspiel präsent sind. In den Augen seiner Fans ist etwa der *MINI Cooper* ein ab-solut ausreichend motorisiertes Auto mit sportlichen Fahreigenschaften. Muss der MINI aber gegen einen virtuellen Ferrari antreten, besteht die reale Gefahr, dieses unfaire Duell zu verlieren. Eine Lösung kann dann das Ausweichen in eigene Ad-games und/oder als Add-ons zu populären Spielen sein, bei denen der Hersteller das Wettbewerbsumfeld selber kontrolliert.

Was aber macht ein Hersteller von Kaugummi, Mineralwasser, Haarspray, TV-Geräten oder auch eine Billig-Airline, die (noch) keinen Kultstatus und durchgängigen High-Involvement-Charakter besitzt? Virtuelle Welten und Simulationen wie *Second Life* oder die *Sims,* aber auch Rollen- und Adventurespiele wie *Grand Theft Auto* oder *Tomb Raider*, in denen der Nutzer sich als Avatar mehr oder minder frei bewegen kann, sind interessant, um mit der Neugierde der Nutzer zu spielen. Wenn vom einen auf den anderen Tag in der bereits vertrauten Spielewelt neue Gegenstände, Zeichen oder Funktionen auftauchen, die zunächst nicht näher erklärt werden, fordern diese den Spieltrieb der Nutzer und eben auch die Lust am Dekodieren dieser versteckten Botschaften heraus. Die Marke würde sich in einem solchen Szenario nicht sofort zu erkennen geben, sondern erst nach einer längeren Interaktionsstrecke mit dem Spieler ihre Identität preisgeben. Es gibt unseres Wissens noch keine bekannten Erfolgsbeispiele für ein solches Vorgehen, es liegt aber in der Logik dieser Umfelder, dass dies nicht nur technisch möglich ist, sondern auch konzeptionell aufgeht.

Je mehr Spiele über eine Online-Anbindung verfügen – sei es als PC-Game oder als vernetztes Konsolenspiel – umso mehr werden auch Interaktionen mit dem Spieler möglich, die das eigentliche Spielgeschehen verlassen und wieder in die reale Welt führen. Der Spieler eines Adventure Games kann beispielsweise nach erfolgreicher Lösung der gestellten Aufgabe als weitere Belohnung an einem Gewinnspiel teilnehmen, wofür die Adressdaten erhoben werden. Oder die von den Spielern bestimmten Konfigurationsdaten eines Automobils wie Aufbau, Farbe oder Felgen werden als Marktforschungsdaten wieder anonym an den Hersteller zurück übermittelt.

Above the Line

Sehr wahrscheinlich werden Games aber zu keinem so ausgeprägten Response-Medium werden, wie das Internet heute weitgehend gesehen wird (auch wenn es mehr könnte). Die Stärke von In-Game Advertising ist eindeutig Above the Line, also bei Branding-Kampagnen zu sehen.

Letztlich wird jede Integration eines Produkts in ein Computer- und Videospiel eine sowohl konzeptionell als auch technisch relativ aufwendige Angelegenheit. Eine Alternative ist dann die Produktion eines eigenen Adgames, wofür es auch viele spezialisierte Dienstleister gibt. Nur fehlt diesen Spielen dann bei Veröffentlichung jegliche Nutzungsbasis, das Spiel muss also wieder über Viral-Marketing oder andere Kanäle an die Spielerin oder den Spieler gebracht werden, womit der Aufwand wieder größer wird.

Mit dem dynamischen In-Game Advertising steht aber mittlerweile eine Plattform zur Verfügung, die zumeist über standardisierte Billboard-Formate, teilweise aber auch mit Bild und Ton eine Marke plakativ ins Spiel bringt. Plakate und abgeleitete Formen wie die Bandenwerbung oder ins Gameplay eingebaute Videodisplays haben den Vorteil, dass sie in einer großen Bandbreite von virtuellen Spielwelten auf natürlich anmutende Art und Weise integriert werden können. Durch die gängigen Kontaktdefinitionen wird gleichzeitig sichergestellt, dass ein abrechnungsrelevanter Kontakt erst ab einem gewissen Schwellenwert auch gezählt wird. Sonst würde beispielsweise in einem Rennspiel bei jedem Passieren eines Plakats in einer Kurve ein Kontakt ausgelöst, selbst wenn dieser Kontakt nur sehr flüchtig war.

Trotzdem tun Kreative gut daran, diese Form der virtuellen Outdoor-Werbung gedanklich ähnlich zu behandeln wie Plakatwerbung oder Leuchtreklame. Das bedeutet vor allem konsequente Reduktion auf das Wesentliche, im Extremfall kann nicht viel mehr als das Logo als Absender plus vielleicht noch der Claim transportiert werden, wie es bei vielen Bandenwerbungen oder Sponsor-Einblendungen in der realen Welt ja auch ist. Verfügt die Marke über ein so bekanntes und gleichzeitig durchsetzungsstarkes Soundlogo wie z. B. die Deutsche Telekom, kann auch dieses Element zur Unterstützung eingesetzt werden, solange es nicht zu aufdringlich geschieht.

Die werbliche Zielsetzung der virtuellen Plakatwerbung ist letztlich auch eine andere als bei der Integration ins Gameplay: Hier geht es weniger um vertiefende Interaktion mit dem Produkt, sondern vielmehr um eine Aktualisierung der Marke, ein Erinnern des Nutzers an zurückliegende Werbekontakte in anderen Kontexten. Die große Flexibilität des dynamischen In-Game Advertising erlaubt dabei z. B. den zeitlichen Einsatz eines Plakatmotivs in der realen wie der virtuellen Welt. Oder das prägnante Key Visual eines im TV laufenden Werbespots wird in einem Plakat wiederholt, womit sich die Kontaktdosis und damit der Impact über die gesamte Kampagne erhöhen.

In der crossmedialen Vernetzung können zwei diametral verschiedene Ansätze durchaus Sinn machen:

1. Während die klassische Kampagne vor allem zunächst für Bekanntheit und Interesse an der Marke sorgt, erfolgt eine vertiefende Beschäftigung mit dem Produkt in der virtuellen Welt oder einem Computerspiel. Print und TV wecken also die Neugierde auf ein neues Automodell; Konfiguration, Testfahrt und Tuning erfolgen virtuell im integrativen In-Game Advertising.

2. Durch eine eher plakative Präsenz der Marke z. B. über dynamisches In-Game Advertising erfolgt eine Aktualisierung von Markendimensionen, die im Rahmen einer klassischen Kampagne – möglicherweise im Verlauf mehrerer Jahre – vermittelt wurden. Dieser Ansatz kann vor allem Sinn machen, wenn wichtige Zielgruppen über die etablierten Medien nicht mehr hinreichend erreicht werden können.

Vor einer Unterbrechung des Gameplay mit Werbeeinblendungen muss dagegen gewarnt werden, was aber auch die Game-Publisher kaum zulassen werden. Allerdings können „natürliche" Wartezeiten im Spielverlauf wie das Laden eines neuen Spiels durchaus mit Werbung belegt werden, solange dem Spieler klar ist, dass er nicht *wegen,* sondern *trotz* der Werbung ein paar Sekunden warten muss, bis es weiter geht. Ebenfalls einen Sonderfall stellen kostenlose Erweiterungen für gekaufte Spiele dar, bei denen eine Marke als Absender den Spielern ein neues Spielelevel oder eine neue Funktion kostenlos zur Verfügung stellt. Wenn ein Autohersteller neue Strecken oder Fahrzeuge für ein Rennspiel herausgibt oder wenn ein Getränkehersteller neue Playback-Songs für ein Karaoke-Spiel verschenkt, wird die Bereitschaft zur Tolerierung auch von Unterbrechungswerbung umso größer sein, je attraktiver der hinzugewonnene Spielspaß ist.

6.1.2   Werbemittelgestaltung im In-Game Advertising

Nachdem nun einige konzeptionelle Grundlagen für die Entwicklung einer In-Game-Advertising-Kampagne aus kreativer Sicht erläutert wurden, wenden wir uns der Umsetzung im eigentlichen Sinne zu. Agenturen beherrschen die Entwicklung von Werbemitteln für TV, Radio, Zeitschriften, Zeitungen und Plakat sehr sicher. Grafische Online-Werbung wie Banner und Layer-Ads sollte eigentlich auch längst ein Standard sein, auch wenn die praktische Erfahrung mit klassischen Agenturen hier eine andere Sprache spricht. Aber wie bringt man Produkte im Rahmen eines demonstrativen Product Placements in ein Computerspiel? Oder wie kommt die Marke in Form eines Logos, Billboards oder Videos in das gewünschte Game?

Leider helfen hier die in Agenturen und Studios etablierten Software-Werkzeuge aus den Bereichen Bildbearbeitung, Satz oder auch Audio- und Videoproduktion nur sehr bedingt weiter. Und leider gibt es – anders als mittlerweile im Online-Marketing – auch noch keine allgemein akzeptierten Standards für Werbemittelformate. Nachfolgend erläutern wir die grundsätzliche Vorgehensweise bei einer „einfachen" Billboard orientierten Markenpräsenz im Rahmen des dynamischen In-Game Advertising sowie eines schon wesentlich komplexeren Product Placements.

Billboards für dynamisches In-Game Advertising

Die Anbieter für dynamisches In-Game Advertising liefern Werbung über Adserver-Technologien über eine Online-Verbindung in das Computerspiel. Die in den Spielen bereits bei der Programmierung eingebauten Platzhalter werden also erst bei Kampagnenstart mit dem Werbemittel gefüllt. Um eine möglichst hohe Reichweite der Kampagne zu gewährleisten, wird im Regelfall auch mehr als ein Spiel gleichzeitig belegt. Damit wird üblicherweise auch die Anpassung des Werbemittels an das jeweilige Spiel notwendig. Praktisch alle Vermarkter von dynamischem In-Game Advertising sind vertraglich von den Publishern dazu verpflichtet, sich eine Freigabe für die Kampagne und oft auch für die konkrete Umsetzung einzuholen, bevor die Kampagne startet. Das ist meist nur ein formaler Akt, der je nach Publisher und vorgelegter Kampagne zwischen zwei Stunden, im Extremfall aber auch zwei Wochen dauern kann. Allein aus diesem Vorgang lässt sich die Vorlaufzeit von um vier Wochen für solche Kampagnen erklären. Problematisch können Kampagnen für Produkte wie Alkohol werden oder mit ansonsten anstößigen Inhalten. Problematisch kann in einer Science-Fiction-Welt auch die Nennung konkreter Daten auf einem Plakat werden wie „Im Kino ab 7. Juli 2007". Spielt die Geschichte eines Games aber im Jahr 3000, werden Game-Publisher über solche Ungereimtheiten stolpern und die Einbindung der Kampagne möglicherweise ablehnen. Dies kann aber geheilt werden durch Streichung der Jahreszahl. Die Dynamisierung der Werbeauslieferung sorgt ohnehin dafür, dass die Werbung nur im unmittelbaren zeitlichen Kontext dieses Filmstarts ausgeliefert wird.

Spezial-Vermarkter für dynamisches In-Game Advertising wie IGA Worldwide und Massive Inc. übernehmen mit eigenen Kreativ-Abteilungen den Anpassungsprozess für die klassischen Kreativ-Agenturen von der zweidimensionalen Vorlage zum Billboard in einer dreidimensionalen Umgebung. Damit sich die Werbung möglichst harmonisch und natürlich als Bildelement in das Spiel einfügt, können z. B. Anpassungen der Farbtöne, Helligkeit oder auch des Kontrasts notwendig werden, damit z. B. ein zu leuchtendes Plakat nicht aus dem insgesamt eher sinistren Mood eines Adventures heraussticht. Im Rahmen dieses Prozesses werden bisweilen auch weitere Freigaberunden mit dem Werbekunden notwendig, um die endgültige Integration als Screenshot oder über ein Video in der Bewegung beurteilen zu können. Sinnvoll sind natürlich auch inhaltliche Bezüge auf das jeweilige Spiel, womit für jedes belegte Spiel dann die entsprechenden Motive durch die Kreativ-Agentur herzustellen sind. Dies bedingt dann aber eine intensive Beschäftigung seitens der Kreativen mit den belegten Spieletiteln, möglichst auch eine Nähe zur Community der Gamer, um deren Sprache zu sprechen.

Als Vorlagen für die Werbemittelproduktion müssen bei den Vermarktern durch die Kreativagenturen vor allem statische Bilder in den Dateiformaten TIF, hochwertiges JPEG oder Photoshop-Datei angeliefert werden. Die aus dem Internet bekannten Pixel-Größen sind für In-Game Advertising leider gänzlich ungeeignet und spielen derzeit keine Rolle. Glücklicherweise haben sich zwischen den Vermarktern aber bereits einige De-Facto-Standards für Vorlagen in den unterschiedlichen Breiten-/Höhen-Verhältnissen etabliert:

- 512 x 256 Pixel (Seitenverhältnis 2:1 für virtuelle Großflächen/Billboards)

- 512 x 512 Pixel oder 256 x 256 Pixel (Seitenverhältnis 1:1 für Megaposter an Hochhauswänden u. ä.)

- 256 x 512 Pixel (Seitenverhältnis 1:2)

- 512 x 64 Pixel bzw. 1024 x 128 Pixel (Seitenverhältnis 8:1 für Bandenwerbung in Sportspielen)

- 1024 x 256 Pixel (Seitenverhältnis 4:1, ebenfalls für Bandenwerbung)

Aus diesen Formaten werden dann bei den Vermarktern wie IGA Worldwide und Massive Inc. alle in den Spielen verwendeten Größen der Einbindung abgeleitet. Schließlich kann die Werbung auch auf technisch völlig unterschiedlichen Plattformen wie PCs oder Videokonsolen eingebunden werden, die sich von ihrer maximalen Auflösung stark unterscheiden. Da Computerspiele mittlerweile fast durchweg den Schritt vom zweidimensionalen Raum früherer Spiele wie *Moorhuhn* oder *Tetris* hin zur dreidimensionalen Welt wie bei *Grand Theft Auto* getan haben, wird das beim Spielen auf dem Bildschirm sichtbare Bild durch ein Software-Modul des Spiels, die sogenannte 3-D-Grafik-Engine, berechnet. Die so effektiv sichtbare Werbeeinblendung im Spiel entspricht somit nicht unmittelbar den angelieferten Bildern in einer beliebigen Skalierung, abhängig von der Entfernung vom Werbeobjekt. Je nach Blickwinkel muss das Werbemittel zusammen mit dem Trägerobjekt wie eine Hauswand oder eine Stadionbande perspektivisch verzerrt werden, damit es in der dreidimensionalen Welt richtig aussieht.

Dies ist allerdings bei klassischer Plakatwerbung auch nicht anders: Wenn der Betrachter nicht unmittelbar frontal vor dem Motiv steht, wird er es perspektivisch leicht verzerrt wahrnehmen. Eine weitere Parallele gibt es zur Online-Werbung: Je nach Bildschirmauflösung des Nutzers wird die effektive Größe und Position der Anzeige auf dem Screen variieren. Bei der Präsentation von Kampagnen und Werbemitteln wird bei Agenturen gern etwas getrickst, indem die Printanzeige auf schwarze Pappe aufgezogen wird oder der TV-Spot auf einem großen LCD-Display mit Dolby-Surround-Anlage vorgeführt wird. Die Kreation kommt so natürlich optimal zur Geltung. Die Wirkung beim Blättern durch die Zeitschrift in der U-Bahn oder auf dem alten Zweit-Röhrenfernseher im Schlafzimmer ist natürlich eine andere.

Wer sich dies bewusst gemacht hat, wird im Regelfall auch damit leben können, dass sich die angelieferten Motive beim Einsatz in dreidimensionalen Spielewelten verändern können. Umso wichtiger ist dann der Abnahmeprozess: Der Kunde oder seine Agentur sollte die Einbindung in allen verwendeten Spielen und auch auf unterschiedlichen Plattformen testen, um zu prüfen, ob die Einbindung den geltenden Mindest-Standards der Marke entspricht. Denn eine Marke ist eine Marke ist eine Marke, auch in Computerspielen.

Probleme kann es bei sehr kontrastschwachen Schriftzügen, zu kleiner Schrifttype oder auch generell einer Überfrachtung des Werbemittels geben. Je klarer die zugrunde liegende Kreation ist, umso besser wird sie sich auch im Spiel durchsetzen und auch die Aufmerksamkeit der Spieler auf sich ziehen. Die dominante Einbindungsform in Spiele für dynamisches In-Game Advertising sind virtuelle Plakatflächen, damit gelten auch ähnliche Gestaltungsgrundsätze wie:

- ■ Die Drei-Elemente-Regel. Danach sollten nicht mehr als ein Bild, ein sehr kurzer Text und ein ausreichend großes Logo als Absender die Inhalte des Billboards sein, mehr nicht.

- ■ Das Bild sollte möglichst auffällig, groß und eindeutig sein (was dem Betrachter in gewisser Weise die Lust am Dekodieren verdirbt).

- ■ Der Text sollte maximal fünf Worte umfassen, damit er noch kurz genug ist, um ihn spontan erfassen zu können.

Oft ist es ratsam, noch reduzierter vorzugehen und nur das Logo plus gegebenenfalls einen extrem kurzen Claim anzuliefern, z .B. für den Einsatz als Bandenwerbung in Sportspielen. IGA Worldwide hat auch gute Erfahrungen mit der Einbindung einer Webadresse gemacht, auch wenn Spieler natürlich nicht ihren Spielfluss unterbrechen, um in Interaktion zu treten. Idealerweise wird eine kurze, prägnante URL einer Kampagnen-Website eingeblendet, dann kann der komplette Traffic auf dieser Website auf die In-Game Kampagne sowie deren virale Verbreitung in Foren zurückgeführt und damit messbar gemacht werden.

Aber natürlich können Videogames als multimediales Umfeld noch viel mehr, als ein schlichtes Großflächenplakat oder eine Bandenwerbung in der virtuellen Welt zu simulieren. Praktisch alle relevanten Vermarkter von dynamischem In-Game Advertising bieten auch den Einsatz animierter Werbeflächen, Audio und Video an. Double Fusion ermöglicht zum Beispiel den Einsatz von Video und Sound in dem für Online-Werbung gängigen Flash-Format von Adobe. Zu der Länge gibt es allerdings sehr unterschiedliche Empfehlungen. IGA Worldwide plädiert für nur sehr kurze und auch langsam geschnittene Videosequenzen von maximal vier Sekunden Länge als *Mood Board*. Hierfür benötigt der Vermarkter als Vorlage eine AVI-Datei im Format 256 x 128 Pixel.

Andere Einsatzgebiete in Spielen vertragen aber durchaus auch längere Sequenzen. Sehr gute Resonanz erfahren hier zum Beispiel Filmtrailer mit einem inhaltlichen Bezug zum Spiel. Hier orientiert sich die Länge der Spots an den im Internet üblichen 10 bis 15 Sekunden. TV-verwöhnten Kreativen mag dies sehr kurz vorkommen, es wirkt aber in einem interaktiven Medium wie Computerspielen wie eine kleine Ewigkeit, allein durch die deutlich höhere Aufmerksamkeit verglichen mit dem Fernsehen. Weiter sollte man bei der Bereitstellung von Video-Material, welches ja im Regelfall aus einer TV- oder Kino-Kampagne abgeleitet wurde, auf eine ausreichende Größe der im Video-Stream integrierten Schrift achten. Wird ein Video-Stream bereits für Online-Werbung eingesetzt, sollte er auch grundsätzlich für In-Game Advertising geeignet sein. Als Vorlagen für die weitere Verarbeitung werden zum Beispiel von Massive Inc. die gängigen Dateiformate MOV, MPEG, MPG, MP4, WMV oder FLA akzeptiert.

Product Placement in virtuellen Welten

Die dreidimensionale Darstellung von Produkten und Marken in virtuellen Welten stellt völlig andere Anforderungen an Konzeption, Kreation und technische Umsetzung. Gleichzeitig ist das Product Placement für viele Markenartikler die spannendste Form einer werblichen Präsenz in Computerspielen, kann sich die Zielgruppe hier doch mit den aus der realen Welt bekannten Angeboten ausstatten und beschäftigen. Hierbei ist es letztlich auch sekundär, ob der Spieler seine Lieblingsmarke beispielsweise für Sportbekleidung oder Mobiltelefone bereits besitzt, aber auch in der virtuellen Welt nicht missen möchte, oder ob neue Nutzer an die Marke herangeführt werden. Im ersten Fall dient die Präsenz einer Vertiefung der Markenbindung, dem zweiten Fall folgt idealerweise der Kauf des Produkts im realen Leben.

Wir wollen den Prozess vom Konzept zum realisierten Product Placement anhand des Metaversums Second Life erläutern, weil er exemplarisch und auch vergleichsweise leicht nachvollziehbar ist. Wichtigster Unterschied ist, dass bei den meisten Computerspielen keine genormten Schnittstellen oder öffentlich zugänglichen Entwicklungstools existieren, womit die Einbeziehung der Entwicklungs-Studios unabdingbar wird. Vor allem Lars Diedrich und Bengt Feil von Boogie Medien haben uns zu Second Life ihre Erfahrungswerte zur Verfügung gestellt. Dieses Hamburger Beratungs- und Dienstleistungsunternehmen hat sich auf Web 2.0 und Community-Lösungen spezialisiert, zu denen letztlich auch die Second Life-Auftritte zählen.

Am Anfang steht wie bei jedem kreativen Prozess die *Konzeptionsphase*. Diese unterscheidet sich in Struktur und Länge nicht wesentlich von der Neuentwicklung einer Website oder auch eines viralen Videoclips. Wichtig ist, bereits in dieser Phase zu diskutieren, aus welcher Motivation heraus der Spieler oder auch User einer virtuellen Welt mit dem Produkt in Interaktion treten soll. Mitunter steht eine Marke als Element des Spiels ohne Wettbewerb, wenn beispielsweise der Held eines Adventures eine bestimmte Automarke fährt. Viele Spiele und vor allem auch Metaversen wie Second Life leben aber von einer hohen Selbstbestimmtheit des Nutzers. Allein er entscheidet, ob und mit welchen Objekten eine Interaktion stattfindet. Die reine Präsenz einer Marke in so einem Umfeld reicht im Regelfall nicht aus. Es müssen also Anknüpfungspunkte zum sonstigen Geschehen geschaffen werden, seien sie räumlicher oder inhaltlicher Natur oder auch zeitlich limitiert über Aktionen und Events. Viele Second Life-Präsenzen bekannter Marken finden kein Interesse beim

User, weil sie zum einen weit ab vom sonstigen Geschehen in der Community statt-finden und weil es eigentlich keinen Grund gibt, sich dort überhaupt, länger oder regelmäßig aufzuhalten. So schlendert der Nutzer dann vielleicht einmal kurz durch einen Auto-Showroom auf einer weitläufigen Markeninsel in Second Life, schaut sich kurz um und fliegt wieder weg. Bengt Feil von Boogie Medien über dieses Phänomen: „Solche 'Markenpaläste' befriedigen möglicherweise kurzfristig das Ego eines Marketingvorstandes, spiegeln aber letztlich seine Offline-Denke und werden den Nutzern eines interaktiven Mediums definitiv nicht gerecht."

In der Konzeptphase wird typischerweise mit Skizzen gearbeitet, mitunter können aber auch schon erste, noch sehr grobe 3-D-Modelle entworfen werden. Dreidimensionale virtuelle Welten haben aus konzeptioneller Sicht den Vorteil, dass sie nicht den physikalischen Gesetzmäßigkeiten der realen Welt unterworfen sind, was ja auch einen wesentlichen Reiz ausmacht. Bei der Konstruktion eines virtuellen Gebäudes muss nicht auf statische Realisierbarkeit oder Kostengesichtspunkte Rücksicht genommen werden. Damit ist die 1:1-Übertragung einer Firmenzentrale in eine Welt wie Second Life weder aus konzeptioneller Sicht besonders einfallsreich, sie wird auch kein nachhaltiges Interesse beim Nutzer entfachen. Auch die virtuelle Größe einer Second Life-Präsenz will gut überlegt sein: Natürlich sollte genügend Platz für Besucher sein, aber die Avatare sollten sich hinterher auch nicht in der Weite des Raumes verlieren.

Für die sich anschließende Phase der *technischen Umsetzung* muss der Kunde zunächst verschiedene Vorlagen liefern. Obwohl die Spiele ja in der Bildschirmauflösung von nur 72 dpi laufen, empfiehlt es sich durchaus, bei den bereitgestellten Fotos auf die höhere Druckauflösung von 300 dpi zu gehen. Schließlich werden Objekte ja im dreidimensionalen Raum nicht in einer festen Größe dargestellt, durch die fast grenzenlosen Zoom-Optionen kann der User die Inhalte möglicherweise sehr nah heranholen und auch dann sollten die Inhalte noch gut aussehen. Oft werden auch Elemente aus Fotos ausgeschnitten, um sie anschließend als Texturen zu verwenden. Bei der Integration komplexer Produkte wie einem Auto in Computerspielen ist mitunter auch die Anlieferung von CAD-Daten der Karosserie hilfreich.

Erstellt werden Gegenstände in Second Life über einen in das Programm integrierten 3-D-Editor, mit dem auch fortgeschrittene Laien grundsätzlich Objekte erstellen können. Diese werden aus verschiedenen vordefinierten Grundformen wie Quader, Kegel oder Pyramide zusammengesetzt und mit Farben, Texturen oder Bildern als Oberflächen belegt. Grundsätzlich lassen sich mit diesen Tool sowohl einfache als auch sehr komplexe Gegenstände nachbilden. Die maximale Größe eines Objektes in Second Life ist zwar mit 10 x 10 x 10 Meter begrenzt, aber auch diese Grenze kann durch das geschickte Zusammensetzen von mehreren Polygonen umgangen werden. Allerdings sollte beim Detaillierungsgrad der Nachbildung nicht übertrieben werden: Eine deutsche Schuhmarke entwarf für Second Life z. B. einen Schuh, der aus über 250 Einzelobjekten zusammengesetzt war. Die Anmutungsqualität war durchaus beeindruckend, allerdings sank die Performance auf praktisch allen Rechnern, sobald ein Avatar in der Nähe war, der diesen Schuh trug. Niemandem ist mit einem hyperrealistischen Abbild in der 3-D-Welt gedient, wenn kein Nutzer damit interagieren kann oder will.

Quelle: Second Life
Abbildung 14: *Laufschuh im Victory Island Shop*

Eine weitere Option neben dem 3-D-Objektdesigner ist die integrierte Skriptsprache Linden Script Language (LSL), über die gesteuert wird, wie sich die gestalteten Objekte in der virtuellen Welt verhalten und wie der Nutzer mit ihnen in Interaktion treten kann. Während viele Grafiker nach etwas Einarbeitungszeit auch 3-D-Objekte erstellen können, erfordert das Scripting schon einiges an Programmier-Erfahrung. Der Aufwand für die Erstellung von Objekten in Second Life rangiert von einem halben Personentag für einen eher schlichten Pullover bis zu mehreren Wochen für ein mit vielen Details nachgebildetes Auto. Gebaut werden die Objekte übrigens im Metaversum selbst, z. B. auf einer abgelegenen, gekauften Insel oder auf einer Plattform in luftiger Höhe oberhalb der unmittelbar sichtbaren Welt an der „Erdoberfläche".

Sind die Produkte oder Unternehmenspräsenzen erstellt, gilt es natürlich noch diese im Rahmen der *Promotion-Phase* bekannt zu machen und zu betreiben. Der Aufwand hierfür hängt stark vom Konzept ab: Handelt es sich um die typische Markeninsel ohne „natürliche" Frequenz, wird sich ohne massive PR- oder Werbe-Kommunikation in der realen Welt kein Besucher dorthin verirren. In Second Life kann zudem für die Community in der vom Axel-Springer-Verlag initiierten virtuellen Zeitschrift The AvaStar eine entsprechende Anzeige gebucht werden. Das PR-lastige Vorgehen hat bislang oft dazu geführt, dass die Wahrnehmung des Second Life-Auftritts in den klassischen Medien weit höher war als unter den Nutzern des Metaversums – mit der oft beklagten Folge, dass eine Interaktion mit der Marke ausblieb. Ein anderer Weg wäre, in der virtuellen Welt an Orte zu gehen, an denen bereits Benutzerströme bestehen, und die Marke dort zu präsentieren. Ein Getränkehersteller könnte z. B. die am besten laufenden virtuellen Clubs wie im realen Leben sponsoren und mit seinen Produkten ausstatten, ein Modeanbieter könnte der Versuchung nach einem eigenen, dafür aber leeren Laden widerstehen und seine Produkte bei bereits bestehenden Läden versuchen zu listen. Sinnvoll ist es auch, die Präsenz einer Marke zu moderieren, sofern sie mit einem realen Ort verknüpft ist und in Echtzeit stattfindet. Möglichst sollten sich die hierfür eingesetzten Moderatoren gut in Second Life auskennen, die Sprache der Community sprechen und gleichzeitig mit der Marke vertraut sein, wie es ja auch vom Messepersonal erwartet wird.

Die genannten Beispiele zeigen, dass es für eine aussichtsreiche Präsenz in Second Life weniger um eine möglichst aufwendige und fotorealistische Installation von Produkten und Firmenpräsenzen geht als vielmehr um eine intelligente Interaktion mit der Community. Besonderes Augenmerk sollte auf die Konzeptphase gelegt werden. Bei der Dienstleisterauswahl sollte außerdem geprüft werden, inwieweit die beteiligten Agenturen die Besonderheiten der virtuellen Welt in Spiel oder Metaversum verstanden haben. Ein typischer Budgetrahmen für eine Second Life-Präsenz liegt je nach Umfang zwischen 20 000 und 60 000 Euro und dauert zwei bis drei Monate von der Beauftragung bis zur Live-Schaltung. Hinzu kommen natürlich noch die Betriebskosten bei einer laufenden Moderation und Promotion. Anders als Websites muss eine Präsenz in einem Metaversum wie Second Life oder auch in einem Spiel nicht zwingend auf Dauer ausgelegt sein. Ein zeitlich begrenztes Engagement von wenigen Wochen mit einem geplanten Aktionsende als Rückzugstermin kann zielführender sein. Schließlich verlieren auch klassische Kampagnen nach einer gewissen Zeit ihren Reiz, Ähnliches gilt auch für die Einbindung der Marke in einem neuen Medium mit letztlich auch noch begrenzter Reichweite.

6.2   Adserving im dynamischen In-Game Advertising

Nachdem nun an zwei Beispielen geklärt wäre, wie ein Werbemittel für den Einsatz in Computerspielen konzipiert und produziert wird, ist noch die Frage zu beantworten, wie dieses Werbemittel zum Kunden gebracht wird. Im statischen In-Game Advertising geschieht dies zusammen mit dem Spiel als Werbeträger, Ähnliches gilt für werbliche Add-ons, die entweder über Datenträger wie CD-ROM oder DVD, aber zunehmend auch als Download aus dem Internet unter die Spieler gebracht werden. Der interessanteste Fall ist sicher das dynamische In-Game Advertising, bei dem das Werbemittel über eine Online-Anbindung von PC oder Konsole ausgeliefert wird. Analog zur Onlinewerbung wird die Gesamtheit der hierfür eingesetzten Hard- und Softwaresysteme als Adserver bezeichnet.

Der Adserver würde in einem Verlag wohl als Anzeigendispositionssystem bezeichnet werden. Anders als in Print oder TV wird in der Online-Werbung und auch im dynamischen In-Game Advertising nicht für eine Zeiteinheit wie Sekunde, Tag oder Woche abgerechnet, sondern nach tatsächlichen Werbemittelkontakten (Ad Impressions). Der Kunde bezahlt also immer die tatsächlich erbrachte Leistung, nicht die voraussichtliche oder wahrscheinliche Kontaktleistung, basierend auf Verbreitungswerten der Vergangenheit. Dieser fundamentale Unterschied erfordert ein entsprechend differenziertes technisches System zur Auslieferung der Werbung. Deutlich werden die vielfältigen Funktionen des Adservers beim Blick auf die in der Online-Werbung mittlerweile gängigen Features:

- *Werbemittelauslieferung*:
  So banal es klingt, das Werbemittel muss von einem mit dem Internet verbundenen Server aufgerufen werden, um zum User zu gelangen. Adserver müssen daher eine sehr hohe Verfügbarkeit aufweisen, um jederzeit möglichst schnell und sicher die angeforderten Banner liefern zu können. Während dies für die relativ kleinen Flash- und GIF-Banner heutzutage keine so große Herausforderung mehr ist, wird durch den Einsatz von Online-Videospots und spezieller Streaming-Server die Messlatte für die Leistungsfähigkeit wieder deutlich höher gelegt. Adserver sind auf internationaler Ebene daher oft Systeme mit verteilter Datenhaltung.

- *Inventarverwaltung*:
  In den sehr frühen Tagen des Internets wurden Banner als fester Bestandteil einer HTML-Seite als Bildelement eingebunden. Dies war nicht nur völlig ineffizient bei Motivwechseln, es erschwerte auch die parallele werbliche Einbindung mehrerer Kampagnen. Daher binden Online-Portale heute nur Platzhalter (sogenannte Ad-Tags) auf ihren Webseiten ein, die dann vom Adserver-System des Vermarkters die Anzeigen abrufen. Dieser Abruf wird auch Ad-Request genannt. Im Vermarkter-Adserver werden alle aktuell gebuchten Kampagnen mit ihrer von den Kunden gebuchten Auslieferungsmenge angelegt. Das System teilt nun den Anzeigenaufrufen die Kampagnen im Wechsel zu, womit eine gleichmäßige und vollständige Auslieferung aller gebuchten Kampagnen bezweckt wird. Gleichzeitig sammelt der Adserver die Anzahl und genaue Verteilung der Anzeigenaufrufe, um später für den Verkauf die aktuellen Potenziale bereitstellen zu können.

■ *Dokumentation der Auslieferung*:
Durch Zählung der pro Kampagne ausgelieferten Banner wird auch die Basis für die Abrechnung mit dem Kunden gelegt. Vermarkter-Adserver sind hierfür im Regelfall mit der kaufmännischen ERP-Software wie SAP oder Oracle verknüpft, um Auftragsbestätigungen, Rechnungen und Gutschriften zu erstellen. Es ist mittlerweile üblich, dass auch Agenturen oder Kunden einen eigenen Adserver einsetzen, von dem das Werbemittel letztlich abgerufen wird. Damit kann die Agentur die vom Vermarkter gemessenen Auslieferungsmengen nachvollziehen und kontrollieren, wobei die Zahlen aus den beiden Quellen praktisch immer mehr oder weniger von einander abweichen. Gemäß einer Branchenkonvention gilt in Deutschland grundsätzlich das Reporting des Vermarkters als entscheidend für die Erbringung der Werbeleistung und damit als Grundlage für die Abrechnung.

■ *Reporting und Responsemessung*:
Neben der Dokumentation für die Abrechnung ist natürlich auch das Reporting des Kampagnenerfolgs ein wichtiges Ziel des Adserver-Einsatzes. Aus den Auslieferungszahlen lassen sich oft interessante Rückschlüsse auf die Resonanz der Zielgruppe ziehen. Noch spannender sind allerdings die Responsedaten wie Klicks oder auch Verkäufe. Zur Messung von Verkäufen werden dann auf der Website des Werbetreibenden spezielle Codezeilen auf bestimmten Seiten integriert. Über diese Codes können sowohl die Anzahl der Verkäufe als auch die Höhe der Warenkörbe und damit Umsatz und Marge als Folge des Werbeeinsatzes anonymisiert ermittelt werden.

■ *Reichweitenmessung*:
Durch den Einsatz von Cookies (kleinen Dateien, die im Browser-Programm hinterlassen werden und den Computer für einen Server eindeutig, aber anonym identifizieren) messen Adserver bei Online-Kampagnen die Frequenz, also die Anzahl der ausgelieferten Banner pro User bzw. Rechner, was im Normalfall dasselbe ist. Mit der Anzahl der so markierten Rechner kann also die Gesamtzahl der innerhalb einer Kampagne erreichten Rechner ermittelt werden. Erfolgt wiederum eine Auslieferung über einen Agentur-Adserver, können die Reichweiten mehrerer Vermarkter zuverlässig aggregiert werden und auch Überschneidungen zwischen den Nutzern verschiedener Websites können gemessen werden. Diese Methode findet natürlich ihre Grenzen in der Akzeptanz von Cookies, außerdem können die Zahlen durch Nutzer verfälscht werden, die regelmäßig ihre Cookies löschen.

■ *Kontaktbegrenzung*:
Eng mit der Reichweitenmessung verknüpft ist die Kontaktmengenbegrenzung, häufiger Frequency Capping genannt. Um zu verhindern, dass immer die gleichen User die Kampagne unendlich oft hintereinander sehen, kann im Adserver eine Deckelung beliebig definiert werden, also z. B. maximal zweimal täglich oder viermal pro Woche oder insgesamt maximal sechs Kontakte im Verlauf der Kam-

pagne. Damit erreicht die Kampagne mit einer gegebenen Anzahl von gebuchten Kontakten eine möglichst große Reichweite. Gleichzeitig werden die Kontaktklassen optimiert, das heißt, eine in der Werbewirkungsforschung als optimal ermittelte Kontaktdosis von zum Beispiel fünf bis sechs Kontakten pro Kampagne wird für möglichst viele Nutzer erreicht.

■ *Motivwechsel und -Optimierung*:
Adserver können parallel oder sequentiell mehrere Anzeigenmotive für eine gebuchte Platzierung verwalten. Damit kann verhindert werden, dass die Zielgruppe immer wieder das gleiche Motiv sieht. In Kombination aus der Response-Messung in Form von Klicks und Verkäufen kann der Adserver auch die besser laufenden Werbemittel bevorzugt ausliefern und damit die Performance der Kampagne steigern.

So weit der Blick auf die Welt der Onlinewerbung, in der sich die beschriebene Adserver-Technologie im Verlauf der letzten zehn Jahre entwickelt hat. Die am Markt erhältlichen Online-Adserver können leider so, wie sie sind, nicht auch für In-Game Advertising eingesetzt werden. Allerdings haben die für das Internet entwickelten Konzepte und Technologien die Entwicklung spezieller Adserver für die Auslieferung von Werbung in Computerspielen enorm beschleunigt. Die führenden Vermarkter Massive Inc., IGA Worldwide und Double Fusion verfügen derzeit alle über Eigenentwicklungen, Ende 2007 wird wohl der deutsche Anbieter JoGo Media hinzustoßen.

Computerspiele als Werbeträger erfordern einige andere Problemlösungen, zum Beispiel für die Reichweitenmessung und das Frequency Capping. Sofern die Spiele nicht in einem Browser gespielt werden (was bei der Mehrzahl der PC- und Konsolen-Games der Fall ist), funktioniert das Setzen von Cookies nicht. Denkbar wäre natürlich auch das Auslesen eines anderen eindeutigen Identifiers wie zum Beispiel die Spiel-Lizenznummer oder die MAC-Adresse des Rechners. Dieses ist derzeit jedoch nicht machbar und auch datenschutzrechtlich problematisch. IGA Worldwide nutzt derzeit die Protokollierung der IP-Adresse des Rechners bzw. der Spielekonsole als Näherungswert zur Reichweitenmessung. Hier ist der große Haken, dass vor allem Privatnutzer im Regelfall keine langfristig feste IP-Adresse haben, sondern laufend neue Adressen durch ihren Provider für die temporäre Nutzung im Hintergrund zugewiesen bekommen. Die so ausgewiesenen Reichweiten sind daher mit großer Vorsicht zu genießen, allerdings immer noch besser als gar keine Reichweiten-Daten.

Im Übrigen sind diese Reichweiten nur für einen Vermarkter gültig: Solange es keine Agentur- oder Endkunden-Adserver gibt, von denen das Werbemittel oder zumindest ein Zählimpuls zentral über die komplette Kampagne mit verschiedenen Vermarktern aufgerufen wird, kann es auch keine Gesamtreichweite der Kampagne und auch keine Messung von Reichweitenüberschneidungen geben. Ebenso kann die buchende Agentur nicht die Menge der ausgelieferten Kontakte verifizieren. Dies ist umso problematischer, als dass es ja noch keine Reichweitenzahlen der Games gibt, die von einer neutralen Instanz geprüft wurden. Lediglich die Abverkaufszahlen von Media Control können zur Plausibilisierung der vom Vermarkter-Adserver gelieferten Daten herangezogen werden.

Fundamental anders verläuft auch die Einbindung der Werbeflächenplatzhalter der Vermarkter durch die Game-Publisher. Ein schlichter Ad-Tag als Link zu einer Datei oder einem Bild wie in der Internet-Welt ist hier nicht ausreichend. Die Adserver-Systeme stellen den Game-Publishern sogenannte Software Development Kits (kurz SDK) mit standardisierten Schnittstellen zur Verfügung. Über diese SDK werden durch die Game-Publisher die Werbeflächen bereits im Rahmen der Spieleprogrammierung eingebunden, inklusive der Online-Aufrufe für deren Aktualisierung. Dies hat für die Branche gleich mehrere Konsequenzen:

■ Vermarkter und Game-Publisher müssen sich sehr frühzeitig, oft 12 bis 18 Monate vor Erscheinen eines neuen Titels, vertraglich auf eine Zusammenarbeit einigen. Der Game-Publisher kann den Vermarktungspartner nicht gut wechseln, solange eine Spielversion am Markt ist.

■ Es können nicht parallel mehrere SDK und damit Vermarkter eingebunden werden. In der Praxis ist zumindest die Kombination aus Plattform (PC, Konsolentyp) und Spieletitel unteilbar in der Hand eines Vermarkters, wobei Werbung in unterschiedlichen Hardware-Versionen eines Titels durchaus über unterschiedliche Wege vertrieben wird. Das Prinzip der Exklusiv-Vermarktung hat sich allerdings auch in der Online-Welt durchgesetzt, läuft der Werbeträger sonst doch Gefahr, dass sich mehrere Vermarkter mit ihren Preisen in eine Abwärtsspirale begeben.

Im Griff haben die bestehenden Adserver-Systeme für das dynamische In-Game Advertising das Thema Reporting. Die aus der Online-Welt gewohnten Kennzahlen und Informationen werden als Basisdaten sowie in grafischer Aufbereitung angeboten. So enthält das Reporting z. B. bei IGA Worldwide folgende Elemente:

■ Auslieferung in der Zeitachse

■ Impressions pro Woche

■ Unique User (bzw. Unique IP-Adressen)

■ Kontaktdosis (Impressions pro Spieler)

■ Aufteilung der Kontakte auf Werbemittel/Formate

■ Durchschnittliche Anzeigedauer

■ Verteilung der Impressions auf die belegten Spieletitel

Weiter erhält der Kunde bei Kampagnenabschluss eine Dokumentation der Einbindung als Screenshot, in Ausnahmefällen können auch Videos von der Integration
angeboten werden.

Zusammenfassend empfehlen wir Werbungtreibenden dringend, sich die Werbung
möglichst unter realen Bedingungen anzuschauen. Die Wirkung der Einbindung in
einem interaktiven und dreidimensionalen Spiel ist fundamental anders als auf einem zweidimensionalen, statischen Screenshot. Diese Form des „Live-Belegs" ist
bei PC-Spielen sicher noch relativ einfach zu realisieren. Bei Konsolen wird der
Marketingleiter seine Kinder (sofern vorhanden) um eine kurzfristige Überlassung
der Hardware bitten müssen. Oder die Vermarkter übersenden dem Kunden als Beleg eine komplette Gratis-Konsole nebst Spiel. Eine zugegebenermaßen kostspielige
Idee, aber in Anbetracht von Mediabuchungen in einer Größenordnung von bisweilen 50 000 Euro ein geringer Preis für die Begeisterung des Kunden für eine neue
Werbeform. Schließlich glauben Kunden im Regelfall erst dann an die Wirkung
ihrer eigenen Kampagne, wenn sie diese selber gesehen haben.

7. Fallstudien

Im Folgenden stellen wir eine Reihe verschiedener Beispiele für aus unserer Sicht gelungene Werbung in Computerspielen vor. Da es sich um einen noch relativ jungen Trend handelt, halten sich viele Werbetreibende mit einem Engagement noch sehr zurück. Auch die Bereitschaft, über die Resonanz erster Gehversuche in diesem Medium aktiv zu kommunizieren, ist eher schwach ausgeprägt. Möglicherweise fürchten die Verantwortlichen auch Kritik für Werbeinvestitionen in „Kinderkram". Hier sind die Vermarkter und Spezialdienstleister noch gefordert, vorzeigbare Case Studies zu produzieren.

7.1 The Sims 2 H&M Fashion Runway

Die Zusammenarbeit zwischen dem Game-Publisher Electronic Arts und dem Modelabel Hennes & Mauritz aus dem Juni 2007 ist eigentlich kein In-Game Advertising im klassischen Sinne. Trotzdem ist sie ein Musterbeispiel, wie sich eine Marke in einem Spiel präsentieren kann und mit der Spieler-Community in Interaktion treten kann.

Plattform für die Aktion ist eines der weltweit erfolgreichsten Computerspiele überhaupt: *Die Sims*. Die erste Ausgabe des Games erschien im Februar 2000 zunächst für Windows-PC und Mac, später auch für Konsolen wie die PlayStation, XBOX und GameCube. Das Spiel findet vor allem bei Frauen einen weit überdurchschnittlichen Anklang. Die Spielfiguren, die sogenannten Sims, werden vom Spieler zu Beginn ausgewählt und ausgestattet, um dann ein virtuelles Leben im Computer zu führen. Dabei treten die Sims auch in Interaktion zu einander. Im September 2004 erschien dann *Die Sims 2* mit einer deutlich verbesserten 3D-Grafik-Engine (siehe Abbildung 15). Ein wesentliches Element des Spiels ist der modulare Aufbau: Aufbauend auf dem Kernspiel kann der Spieler laufend neue Erweiterungssoftware (sogenannte Add-ons) mit neuen Features zu Themen wie Haustiere, Party, Universität, Arbeitswelt oder auch Weihnachten erwerben. Durch die neuen Features bleibt das Spiel nicht nur länger spannend, der modulare Aufbau steigert auch den Umsatz des Game-Publishers pro Spieler erheblich.

Das Modelabel *Hennes & Mauritz* (H&M) ist weltweit in 28 Ländern mit 60 000 Mitarbeitern vertreten. Die in sehr kurzen Zeitabständen aktualisierten Kollektionen zu bezahlbaren Preisen sind vor allem bei einem jungen Publikum sehr beliebt. Auch bekannte Designer wie Karl Lagerfeld oder Roberto Cavalli entwerfen gelegentlich Modelle, was immer wieder zu hohen Aufmerksamkeitswerten für die Marke führt. Die Mediastrategie von H&M basierte viele Jahre primär auf Outdoor-Werbung, seit einigen Jahren kommen jedoch auch TV-Flights sowie Printkampagnen hinzu.

Quelle: Electronic Arts
Abbildung 15: *Virtueller Hennes & Mauritz Store in Die Sims 2*

Im Juni 2007 brachte Electronic Arts in Kooperation mit Hennes & Mauritz ein sogenanntes Mini-Add-on mit neuen Kleidungsstücken für die Sims heraus. „*Die Sims 2 H&M Fashion Accessoires*" bieten zu einem Endverkaufspreis um 15 Euro den Spielern aktuelle Hennes & Mauritz-Mode für ihre Avatare. Die Sims können aber nicht nur neu mit Caprihosen, Sandalen und Jeans inklusive der passenden Accessoires eingekleidet werden, sie können auch ihren eigenen H&M Store eröffnen und mit stilechten Dekorationsgegenständen wie Schaufensterpuppen, Kleiderständern, Kassen und Umkleidekabinen ausstatten. Anschließend können die Spieler eine Modenschau mit Laufsteg veranstalten, auf der sie ihre Lieblingskollektionen präsentieren.

Gleichzeitig wird auch der Weg in Gegenrichtung vom Spiel in die reale Welt zurück eröffnet. Hierfür gibt es als Zusatzsoftware und Website den *H&M Fashion Runway* für die Sims, mit dem die Spieler ihrer Kreativität freien Lauf lassen, ihren eigenen Stil für ihren Avatar in Szene setzen und eine eigene Modelinie entwerfen können. Grundlage hierfür sind von Electronic Arts gefertigte Design-Kits, die von einer Website kostenlos heruntergeladen werden können. Der Sims 2 H&M Fashion Runway bildet damit einen Schnittpunkt zwischen dem virtuellen Universum von Die Sims 2 und der Modewelt von H&M. Im Rahmen des Games können die Spieler ihre eigenen Modekreationen erstellen und diese dann online für eines der sechs Design-Themen für den Wettbewerb einreichen. Auf der für die Aktion eigens gestalteten Website www.TheSims2FashionRunway.com können die Nachwuchs-designer ihre Entwürfe auf einer internationalen virtuellen Modenschau einem breiten Publikum zeigen. Die Komplexität dieser weltweiten Aktion zeigt sich allein daran, dass die Website in 15 verschiedenen Sprachversionen produziert werden musste.

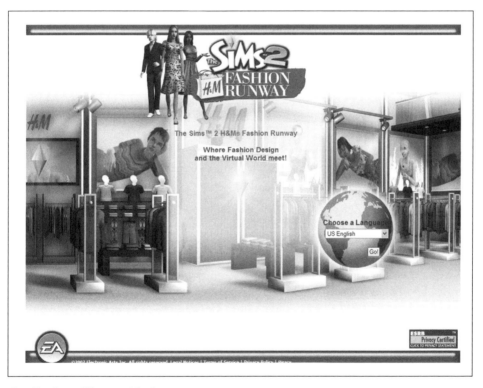

Quelle: http://thesims2fashionrunway.ea.com
Abbildung 16: *Homepage der gemeinsamen Kampagnen-Website*

Im wöchentlichen Wechsel wird die Community zu Einsendungen für Themen wie „Party Time", „Street Wear" oder auch „Auf zum Strand" aufgerufen. Die Kreationen können in einem eigenen Sims-Austausch-Dateiformat auf der Website eingereicht werden. Aus den wöchentlichen Einsendungen werden zwölf Kreationen ausgewählt. Ab Mitte Juli 2007 wird diese Auswahl dann im Rahmen eines Showcase, also einer virtuellen Modenschau, auf der Website den Sommer über ausgestrahlt und so der Sims-Community präsentiert. Diese wählt aus den Entwürfen die beste Kreation aus. Die gesamte Aktion ist bis Ende September 2007 angelegt. Anschließend wird H&M einzelne Designs für die Produktion von realer Kleidung auswählen, um sie in die Läden zu bringen. Aus dem Hobby-Modeschöpfertum am PC wird also Ernst, das im Spiel entworfene Modell wird Bestandteil der „H&M Design Selection".

„Wir sind sehr stolz, dass H&M die erste Marke ist, die ihren Weg in die Welt von Die Sims gefunden hat. Das Accessoires-Pack ist eine tolle Möglichkeit, unsere Kunden auf eine neue Art anzusprechen und Teile unserer Sommerkollektion vorzustellen", erläutert Jörgen Andersson, Marketingleiter H&M, die Pläne des Modeanbieters. „Die Fans von Die Sims sind für ihre Kreativität bekannt, und wir sind sehr gespannt auf die Entwürfe der Teilnehmer."

Aber auch Electronic Arts als Game-Publisher profitiert von der Kooperation: „Die Zusammenarbeit eines Modeunternehmens mit einem Computerspiel ermöglicht es den Spielern, ihre Persönlichkeit und ihre eigenen Ideen zum Ausdruck zu bringen. Eine bessere Verbindung könnten wir uns nicht vorstellen", sagte Steve Seabolt, Vice President of Global Brand Development bei EA. „Die Partnerschaft dieser beiden großen Marken ermöglicht neuen und aufregenden Spielinhalt. Wir freuen uns sehr auf die Ideen der Sims-Community."

Da die Aktion zum Zeitpunkt der Drucklegung noch lief, gibt es leider noch keine Zahlen zur Resonanz auf die Aktion. Dass mit dem Produkt der Geschmack der Zielgruppe getroffen wurde, zeigt aber z. B. der folgende Kommentar einer Käuferin des Add-on auf Amazon: „Als begeisterte Sims-Spielerin war die H&M-Erweiterung ein Muss! Die Sachen sind sehr nett und in einer breiten Auswahl vorhanden." Im Vergleich mit einer Präsenz im zuletzt viel diskutierten Second Life Metaversum ist die Einbindung der Modemarke allein durch die wesentlich bessere Grafik von Die Sims 2 von einer deutlich höheren Anmutungsqualität. Gerade dieser Faktor ist aber für eine Modemarke von entscheidender Bedeutung. Hinzu kommt in diesem Fall allerdings noch, dass es weltweit wohl weit mehr aktive Sims-Spieler gibt als aktive Second Life Avatare. Auf www.in-game-advertising.de werden wir die Leser dieses Buches über die weiteren Entwicklungen auf dem Laufenden halten.

7.2   Burger King und die XBOX

Wie steigert ein Fast-Food-Unternehmen innerhalb eines Quartals seine Umsätze um neun Prozent? Wie verkauft man über drei Millionen Computerspiele? Und wie gewinnt man als Agentur einen Titanium Grand Prix Award auf dem Werbefestival in Cannes 2007 für eine integrierte Kampagne?

Die Zusammenarbeit zwischen dem Fast-Food-Giganten Burger King und der XBOX ist sicher die spektakulärste Erfolgsgeschichte im Advergaming der letzten 12 Monate. Mit über 11 000 Filialen weltweit ist Burger King die Nummer zwei im Markt hinter McDonald's, seit Mai 2006 ist das Unternehmen börsennotiert. Im vierten Quartal 2006 (dem Zeitraum der im Folgenden betrachteten Aktion) erwirtschaftete das Unternehmen einen Umsatz von 559 Millionen US-Dollar. Eine gewisse Erfahrung hat das Unternehmen bereits im In-Game Advertising, z. B. mit der Präsenz der Werbefigur des „King" als Trainer im Boxspiel *Fight Night Round 3* von Electronic Arts. Zudem wurde Burger King hier als Sponsor in die Kommentare zu Zeitlupen-Wiederholungen eingebunden, mit Audio-Ankündigungen wie „Let's have another look at this knockdown, brought to you by Burger King!". Eine weitere Präsenz von Burger King besteht in *Need for Speed 3*, ebenfalls von Electronic Arts.

Ein wesentlicher Anstoß für die Produktentwicklung der Games kam auch von der Burger King Kreativagentur Crispin, Porter + Bogusky aus Miami, Florida, die laut Branchenblatt *Horizon* als einer der kreativsten und innovativsten Hotshops in den USA gilt. Burger King beauftragte auf Vermittlung von Microsoft das Unternehmen *Blitz Games* (UK) mit der Entwicklung von drei Adgames. Blitz Games gilt als eines der besten Entwicklungsstudios von Microsoft für die XBOX und wurde 1990 unter dem Namen OliverTwins.com von Philip und Andrew Oliver gegründet. Das Unternehmen ist heute eines der fünf größten Entwicklungsstudios in Europa mit über 220 Mitarbeitern und entwickelt u. a. das Karaoke-Spiel „American Idol" zum US-Original des in Deutschland bekannten TV-Formats „Deutschland sucht den Superstar".

Wesentliche Motivation für Burger King war laut Blitz-Games-CEO Philip Oliver, die Zielgruppe der 12- bis 20-jährigen Jugendlichen zu erreichen. Als Altersfreigabe des Spiels wurde entsprechend „E for Everyone" angestrebt, womit die Spiele als ähnlich gewaltfrei gelten können wie z. B. ein Tom & Jerry-Cartoon. Die Zusammenarbeit zwischen Microsoft und Blitz Games sollte ursprünglich zu Online-Spielen für den Download im XBOX Live Arcade Service führen, scheiterte aber an unzureichenden Refinanzierungsmöglichkeiten. Als Burger King auf Microsoft mit dem Wunsch nach Adgames zukam, war ein Sponsor für die Spieleentwicklung gefunden.

Auf Wunsch von Burger King wurden die Games jedoch nicht für den Download, sondern auf Datenträgern mit kompletter Umverpackung produziert. Damit leisten die Spiele auch einen Beitrag, um die Besuchsfrequenz in den Filialen zu steigern, was ein weiteres Kampagnenziel für die Fast-Food-Kette war. Russ Klein, President Global Marketing Strategy and Innovation bei Burger King, umschreibt die Gründe für die Zusammenarbeit mit Microsofts XBOX und seinem Unternehmen folgendermaßen: „BURGER KING und XBOX sind zwei Marken mit vielen Ähnlichkeiten, arbeiten aber in zwei völlig verschiedenen Branchen. Gemeinsames Ziel ist das Angebot von unterhaltsamen und gleichzeitig bezahlbaren Produkten für die Festtage. Nachdem das Unternehmen reichlich Erfahrung mit der Einbindung in Videospiele gesammelt hat, praktizieren wir nun die Markenintegration der nächsten Stufe, indem Burger King auch längere Spielformate initiiert."

Um den drei Spielen eine ausreichende Hardware-Basis zu sichern, wurde auf jedem Datenträger jeweils gleichzeitig die Version für die ältere XBOX sowie die neue XBOX 360 verkauft. Dies war auch für die Programmierung eine erhebliche Herausforderung, da die Grafik-Leistungen dieser beiden Konsolen sehr unterschiedlich sind und eine CD für beide Plattformen eine Innovation darstellte. Im Ergebnis sehen die Spiele auf der neueren XBOX 360 natürlich wesentlich besser und detailreicher aus.

Interessant war auch der Entwicklungsprozess, der in der Rekordzeit von sieben Monaten für alle drei Titel termingerecht abgeschlossen wurde. Microsoft unterstützte den engen Zeitplan mit einer Priorisierung der Games bei den internen Qualitätssicherungs- und Freigabeprozessen. Laut Philip Oliver war vor allem die Hoheit über das Design und die Konzepte der Spiele eine wesentliche Diskussion mit Burger King, die zahlreiche eigene Vorstellungen hatten. Letztlich wurde als Kompromiss eine unterschiedliche Vorgehensweise für jedes Spiel beschlossen: Burger King konnte das Spiel *Sneak King* als Ableitung der TV Commercials konzipieren, in dem sich die Spielfigur King anschleicht und seinen überraschten und hungrigen Mitmenschen einen Burger anbietet. *Bumper King*, die Computersimulation eines Autoskooters (mit Sonderfunktionen wie Blitzen und Eisflächen zum Abräumen der Kontrahenten im Multiplayer-Mode), wurde weitgehend autonom von Blitz Games gestaltet. Ein Mittelweg wurde bei der Rennsimulation *Pocketbike Racers* beschritten (siehe Abbildung 17), bei der von Burger King die originäre Spielidee eines Multiplayer-Rennens der Burger-King-Figuren auf Miniatur-Motorrädern geliefert wurde, während Blitz Games die konkrete Ausgestaltung des Spiels übernahm. Durch das gleichzeitige Angebot von drei Titeln konnten die drei populären Genres *Racing*, *Action* und *Adventure* gleichzeitig abgedeckt werden.

In allen Spielen wurde relativ zurückhaltend mit dem Burger-King-Logo als Absender umgegangen. Dagegen legte man großen Wert auf eine sehr prominente und positive Darstellung der Burger-King-Charaktere wie den King oder das aus der

Viral-Marketing-Kampagne bekannte unterwürfige Hühnchen („Subservient Chicken") aus dem Jahr 2004. Als Vertreter der Marke im Spiel wollte Burger King vermeiden, dass seine Charaktere mit negativen Assoziationen wie Niederlagen oder schlechte Verlierer belegt werden.

Quelle: www.bk-gamer.com
Abbildung 17: *Screenshot des Burger King Pocketbike Racers*

Begleitet wurde die Einführung der Spiele durch eine umfassende und vernetzte Kampagne in TV und Printmedien, durch Promotion in den Restaurants sowie eine Internet-Microsite. Die Spiele wurden bereits ab dem 24. Oktober 2006 auf der MTVU Gamorz Ball College Campus Gaming Tour im Rahmen einer Sneak Preview vorgestellt. Zum Verkaufsstart wurde zudem im letzten Rennen der NASCAR NEXTEL Serie auf dem Homestead-Miami Speedway ein Dodge im komplett neuen King Games Design ins Rennen geschickt.

Die Spiele kamen schließlich am Sonntag, den 19. November 2006, unter dem eigens gegründeten Publisher-Label *King Games* zum Weihnachtsgeschäft in die 6 680 teilnehmenden Filialen. Verkauft wurden sie jeweils zum Preis von 3,99 US-

Dollar, jedoch nur in Verbindung mit einem Value Meal. Produziert wurden laut Angaben von Burger King insgesamt fünf Millionen Kopien für den Verkauf in den USA, Kanada und den grenznahen Filialen in Mexiko. Diese regionale Fokussierung führte auch dazu, dass die Spiele über Ebay bei europäischen Käufern immerhin Preise bis zu 25 Dollar erzielten, ein klarer Beleg für die Wertigkeit der Games sowie die Begehrlichkeiten, die in der Zielgruppe geweckt wurden. Laut Angaben von Burger King verdoppelte sich die Besuchsfrequenz zeitweise mit klarem Bezug auf die angebotenen Spiele. In den fünf Wochen vor Weihnachten wurden insgesamt 2,4 Millionen Spiele verkauft; sie erhielten damit am 20. Dezember 2006 den Platin-Status. Damit gehören sie zu den meistverkauften Titeln für die XBOX überhaupt. Mittlerweile haben die Verkaufszahlen klar die 3 Millionen-Marke überstiegen.

Mit dem Verkaufsstart wurde unter der Internet-Adresse www.bkgamer.com eine Community-Plattform ins Netz gestellt. Auf dieser Microsite können Videotrailer und Screenshots zu den Spieletiteln abgerufen werden. Spieler erhalten zudem Tipps und Tricks, um ihre Mitspieler schlagen zu können. Abgerundet wird die Site durch eine Hall of Fame der besten Spieler und ihrer Highscore-Ergebnisse.

Beeindruckt vom Erfolg zeigte sich auch Russ Klein, President Global Marketing Strategy and Innovation bei der Burger King Corporation: „Wir haben mit den Burger King XBOX Games eine einzigartige Form von interaktiver Unterhaltung für die ganze Familie geschaffen und sind von der Resonanz überwältigt. Die meisten Videospiele gelten schon als Blockbuster, wenn sie mehr als eine Million Kopien verkaufen. Die Burger King Games Kollektion hat durch das sehr gute Preis-Leistungsverhältnis als bequemer Mitnahme-Geschenkartikel zu Weihnachten mehr als das Doppelte erreicht".

Weitere Anerkennung erhielt die Kampagne schließlich auf dem Werbefestival in Cannes mit dem Gewinn des Titanium Grand Prix für die Kreativagentur Crispin, Porter & Bogusky. Die Begründung der Jury für die Vergabe des wichtigsten Preises für außergewöhnliche und zukunftsweisende Arbeiten in Cannes: Die Agentur habe die Burger-King-Spiele nicht nur beworben, sondern auch den Anstoß zur Produktentwicklung gegeben. Damit wurde die Produktidee zur Kampagnenidee.

Zusammenfassend zeigen die drei King Games, was Adgames auf höchstem Niveau heute auslösen und in der Zielgruppe bewegen können. Auch wenn die Produktionskosten sicher erheblich waren, konnte immerhin ein zusätzlicher Umsatz von über 12 Millionen Dollar allein durch den Verkauf der Spiele erzielt werden.

7.3   POPSTARS – The Game mit Kinder Maxi King und dem Telefonbuch

Die *No Angels* sind wohl die bekannteste deutsche Pop-Formation, die aus der Pro-Sieben-Castingshow *POPSTARS* in die Musikwelt entsandt wurden. Seit deren Erfolg im Jahr 2000 strahlt der Sender die Show jährlich mit neuen Kandidaten und neuen Gewinnern aus – im Jahr 2006 entstand so die Girlgroup *Monrose*. Im gleichen Jahr beauftragte der ProSieben-Vermarkter SevenOne Interactive den Hamburger Game-Entwickler *Bigpoint GmbH* (damals noch unter dem Namen *e-sport GmbH* firmierend), ein Online-Game zur Castingshow POPSTARS zu entwickeln mit dem Ziel, die Fans auch zwischen den TV-Staffeln an die Marke und das TV-Format zu binden. Zielgruppe des Games sollten Frauen (zu 90 %) und Männer zwischen 14 und 29 Jahren sein. So wurde im Herbst 2006 *POPSTARS – The Game* als rein browserbasiertes Multi-User-Echtzeit-Spiel gelauncht. Die Nutzung dieses Games ist kostenlos, eine freiwillige Zahlung für zusätzliche Spielefeatures ist möglich und Bestandteil des Geschäftsmodells.

Mit diesem Game öffnete SevenOne Interactive als Online- und Multimedia-Vermarkter der ProSiebenSat.1-Gruppe erstmals ein neues Geschäftsfeld und erweiterte sein Portfolio um den Bereich In-Game Advertising. Als Werbekunde für eine Präsentation in POPSTARS – The Game konnte der Süßwarenhersteller Ferrero mit der Marke *Kinder Maxi King* gewonnen werden. Die Marketingstrategie von Ferrero, die Verbindung zwischen der Marke und dem Thema Musik auszubauen, wurde durch dieses Engagement konsequent weitergeführt. An unterschiedlichen Schauplätzen wurde Kinder Maxi King in das Online-Game fest, also als statisches In-Game Advertising, integriert:

■ Presenter im virtuellen Tonstudio, in dem sich die potenziellen virtuellen Popstars als Drummer oder Soundmaster Punkte erspielen,

■ Laufschrift am oberen Spielrand.

Für Matthias Falkenberg, Geschäftsführer von SevenOne Interactive, ist In-Game Advertising ein wichtiges Thema, mit dem Marken sich in einem emotionalen Umfeld auf spielerische Art und Weise inszenieren lassen. Für Peter Christmann, Vorstand Sales & Marketing der ProSiebenSat.1-Gruppe, gehört die ständige Weiterentwicklung von Möglichkeiten für die Werbung und Markenführung in den audiovisuellen Medien zur Unternehmensstrategie. In-Game Advertising ist für den Vermarkter in diesem Rahmen ein weiteres Geschäftsfeld neben anderen neuen Werbeplattformen wie das VoD-Portal *maxdome,* die Video-Plattform *MyVideo* oder digitale Pay-TV-Sender. Der Erfolg des Spiels zur Popstars-Staffel im Jahr 2006 spricht für sich: Im Zeitraum von September bis Dezember 2006 wurden durch-schnittlich 62 000 aktive Nutzer pro Monat verzeichnet. Die tägliche Nutzung erreichte im Schnitt 1,4 Stunden – die Höhe der Page Impressions lag bei 9,3 Millionen.

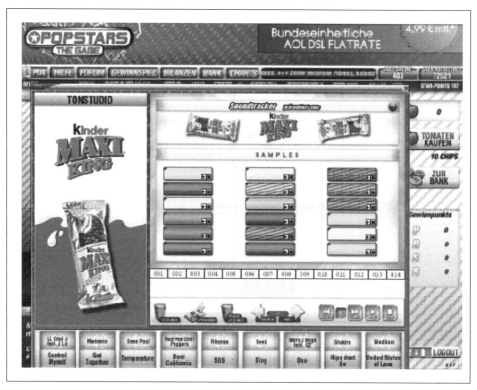

Quelle: Bigpoint GmbH
Abbildung 18: *Screenshot aus POPSTARS – The Game mit Integrationen der Marke Kinder Maxi King*

Die große Resonanz führte im begleitenden Online-Spiel zur Popstars-Staffel 2007 zu einer Einbindung eines Werbepartners in die Spielhandlung (sogenannte Plot Integration). Entwickelt wurde auch dieses Spiel durch die Hamburger Bigpoint GmbH. Wie im Fernsehen streben die Teilnehmer auch bei „POPSTARS – The Game" nach dem POPSTARS-Thron. Um sich mit den meisten Punkten (StarPoints) den Spitzenplatz in den Charts zu sichern, sind verschiedene Aufgaben zu erfüllen. Als Unterstützung kann neuerdings ein einflussreicher Musik-Manager kontaktiert werden. Die richtige Telefonnummer liefert hier *DasTelefonbuch* unter www.dastelefonbuch.de und untermauert so seine Positionierung als „Die Findemaschine". Belohnt wird die erfolgreiche Recherche des Nutzers dann mit der doppelten Anzahl an StarPoints.

DasTelefonbuch präsentiert sich damit nicht nur in einem jungen und innovativen Umfeld, sondern wird gleichzeitig mit positiven Emotionen assoziiert. Ein weiterer Vorteil ist die intensive Auseinandersetzung mit dem Produkt an sich, das unmittelbar in die Spielhandlung integriert wird. Rachid Ait Jillali, Marketingmanager bei der DasTelefonbuch-Servicegesellschaft mbH: „Durch unsere Einbindung in ‚POPSTARS – The Game' bringen wir die Marke DasTelefonbuch interaktiv und unterhaltsam einem Publikum näher, das vor allem mit innovativen Kommunikationsmitteln angesprochen werden muss. Dabei kann schon die Wahl des Werbemediums als markenbildende Maßnahme betrachtet werden. Denn gerade die Games-affine Zielgruppe ist Werbung gegenüber sehr aufgeschlossen. Daher haben wir in unseren Kommunikationsmix das In-Game Advertising aufgenommen, um diese Zielgruppen adäquat zu erreichen und um unsere innovativen Produkte mit innovativen Maßnahmen zu verbinden."

Quelle: http://popstarsthegame.prosieben.de
Abbildung 19: Screenshot der Einbindung von DasTelefonbuch im Online-Spiel zu Popstars 2007

Für SevenOne Interactive Geschäftsführer Matthias Falkenberg ist In-Game Advertising vor allem für Werbekunden ein relevantes Thema, die ihre Marke spielerisch inszenieren wollen. „Dabei profitieren sie in einer intensiven Nutzungssituation von einer extrem hohen Aufmerksamkeit der Spieler und von der hohen Akzeptanz von Werbung in Spielen, die nicht als störend, sondern als realistisch empfunden wird."

7.4   Alarm für Cobra 11 mit Seat

RTL Enterprises lässt seit einigen Jahren mit verschiedenen Game-Titeln aufhorchen, die Themen von RTL-Serien aufgreifen oder Sportereignisse begleiten. Das Game *Alarm für Cobra 11* ist in Anlehnung an die gleichnamige RTL-Fernsehserie bereits seit mehreren Spiele-Generationen ein erfolgreiches Action-Game rund um Abenteuer und Auto-Fahrspaß. Für Automarken und -modelle mit einem sportlichen Ansatz bietet sich in diesem Game die Möglichkeit, eine Markenbekanntheit zu schaffen und ein Image zu bilden.

Die Automarke Seat hat diese Möglichkeit für die Gameversion Alarm für Cobra 11 Vol. IV ergriffen und das Modell Seat Leon dort als virtuelles Fahrzeug platziert. Diese In-Game Advertising-Maßnahme ist Teil einer breit angelegten Kampagne, die sich u. a. über Onlinekampagnen, PR-Maßnahmen und Vor-Ort-Promotions erstreckt. Neben dem eigentlichen Fahrzeug wird der Markenpokal *Seat Leon Supercopa* durch RTL beworben. Bei diesem statischen In-Game Advertising handelt es sich um ein sehr prominentes Product Placement, da der Seat Leon die einzige Automarke des Games stellt. Das Spiel erschien Ende 2006 und wurde zu einem Preis von 29,99 Euro im Handel angeboten. Die Zielgruppe des Games ist 14 bis 49 Jahre und zu 80 Prozent männlich. Die Integration des Seat Leon geschah in einem separaten Bonuslevel. Zudem wurde eine Anzeige zum Fahrzeug im Handbuch integriert und das Markenlogo auf der Verpackung platziert.

Die Integration des Seat Leon ist ein gutes Beispiel für die Integration des Mediums Game in eine Marketingstrategie und zeigt, dass die Inszenierungsmöglichkeiten von In-Game Advertising eine Vervollständigung im Kommunikationsmix mit kreativer Umsetzung sein kann.

Quelle: RTL Enterprises
Abbildung 20: *Integration eines Seat Leon im Game Alarm für Cobra 11 Vol. IV*

7.5 Böckmann Pferdeanhänger im Kids-Game Mein Pferdehof 2

Kinder und Jugendliche sind Mit-Entscheider – beim Autokauf, im Supermarkt und wenn es um Produkte für die eigenen Hobbies geht. Besonders bei Mädchen sind die Themen Pferde, Ponys und Reiten sehr beliebt und bei vielen auch aktiv als Hobby gelebt.

Produkte und Medien rund um dieses Thema erreichen eine spitze Zielgruppe. Marketing-Kommunikation hat die schwierige Aufgabe, die Aufmerksamkeit dieser Zielgruppe regelmäßig mit neuen Ideen zu gewinnen.

Die Limbic Entertainment GmbH hat sich besonders mit dem Gametitel *Mein Pferdehof* seit dem Jahr 2005 einen Namen gemacht. Im Herbst 2006 erschien der Nachfolger *Mein Pferdehof 2* im deutschen Handel. Die Idee des Games, das sich insbesondere an pferdebegeisterte Kinder und Jugendliche richtet, ist simpel und bedient treffsicher die Wünsche der Zielgruppe. Der Gamer oder die Gamerin ist das virtuelle Management des eigenen Pferdehofs, kümmert sich um die Pferde, galoppiert durch 3D-Landschaften und organisiert den Online-Handel mit virtuellen Pferden, wie auch Turniere und Wettbewerbe – Ferien auf dem Immenhof heißt heute Gamen in der virtuellen Pferdewelt. Die Grafik ist im Zeichenstil liebevoll und detailreich angefertigt.

Die Böckmann Fahrzeugwerke GmbH ist im Segment der Pferdeanhänger der deutsche Marktführer und eine der führenden Pferdeanhängermarken in Europa. Da die Pferdeanhänger zwar von Erwachsenen bezahlt, aber häufig für den Transport der Pferde der Kinder verwendet werden, sind diese in der Regel am Kaufprozess beteiligt und Mitentscheider. Auch sind die Kinder von heute die Käufer von morgen. Für Böckmann als mittelständisches Unternehmen ist die Prägung der Marke bei den Kindern daher ein wichtiges Marketingziel.

Die Marken-Kommunikation der Böckmann Fahrzeugwerke GmbH wird von der auf Marken im Mittelstand spezialisierten Kommunikationsagentur *Kaapke GmbH* betreut. In Kooperation mit der *Stammermann Media Consulting* als Beratungsagentur für In-Game Advertising und der *Agentur Schäfer* wurde im Jahr 2006 eine Kooperation zwischen Böckmann und dem Game-Titel *Mein Pferdehof 2* von der *Limbic Entertainment* geplant und umgesetzt. Ziel war es, die Marke Böckmann und eines ihrer Produkte im Game und im Umfeld des Games aufmerksamkeitsstark, aber nicht im Sinne eines Adgames zu integrieren.

Besonderheiten und neue Aspekte des In-Game Advertising waren hier die Kombination der Beteiligten sowie die Inszenierungen bis hin zu crossmedialen Aspekten. Die Kooperation umfasste verschiedene Detailaspekte:

- Präsentation des Böckmann-Markenzeichens im Installationsmenü,

- Verlinkung zu www.boeckmann.com im Windows-Startmenü des Games,

- Böckmann-Markenzeichen mit Verlinkung in den Spiele-Credits (Partnerseite im Game),

- Product-Placement: Zeichnung eines original Böckmann-Anhängers im Spiel, Einbindung als Vehikel in die Online-Community,

- Böckmann-Markenzeichen im Handbuch zum Game,

- Beilage von Böckmann-Aufklebern in der Verpackung des Games,

- Einbindung von Böckmann als Kooperationspartner in PR-Meldungen des Publishers (betreuende PR-Agentur: Agentur Schäfer, Weinheim),

- Einbindung mit Banner und Product Placement (Pferdeanhänger) in die Community zu *Mein Pferdehof 2*,

- Ausstellungsfläche für einen original Böckmann-Pferdeanhänger auf der Games Convention 2006 in Leipzig inklusive Auslage von Produktkatalogen und Flyern,

- Verlosung von Böckmann-Artikeln (T-Shirts, Reitdecken, Tassen etc.) über Gewinnspiele von Seiten Limbics,

- Bannerschaltung von Mein Pferdehof 2 auf www.boeckmann.com,

- Beilage von Flyern zu Mein Pferdehof 2 in Böckmann-Katalogen,

- Flyerauslage von Mein Pferdehof 2 auf dem Böckmann-Messestand der Equitana 2007 in Essen.

Das In-Game Advertising besteht bei dieser Aktion aus statischen Inszenierungen. Für Timo Kaapke, Inhaber und Geschäftsführer der Kaapke Kommunikationsagentur, waren verschiedene Gesichtspunkte für eine Kooperation wichtig:

- Ein mittelständisches Unternehmen wie die Böckmann Fahrzeugwerke GmbH wählt die Kommunikationsmaßnahmen u. a. nach schnellen Responsemöglichkeiten aus. Bei diesem Projekt ist der Abverkauf des Games und die Frequentierung der Community ein Mittel zur Responsemessung, da der Gamer sein virtuelles Pferd mittels eines Böckmann-Pferdeanhängers aus dem Spiel in die Community transportiert.

- *Mein Pferdehof 2* bietet dem Werbekunden Böckmann eine spitze Zielgruppe mit Daten zu Unique Usern, Verlinkungen und prominenten Platzierungen. Diese Möglichkeiten sind bei den eng gesteckten Werbebudgets der meisten mittelständischen Unternehmen und Markenartikler ein wichtiger Aspekt.

- Grundsätzlich bieten Games nach Ansicht von Timo Kaapke die Möglichkeit, kreative und neue Werbeideen zu platzieren. Durch die noch geringen Buchungen in den allermeisten Games kann der Werbekunde hier einen hohen Aufmerksamkeitsgrad erzielen.

- Durch die häufige Nutzung und die Inszenierung an unterschiedlichen Stellen im Game und im Umfeld des Games steht der Gamer in kontinuierlichem Kontakt mit der Marke. Die Markenbotschaft kann so eine optimale Wahrnehmung erzielen.

Mein Pferdehof 2 ist in Deutschland bisher mit etwa 25 000 Einheiten im Handel, die internationale Vermarktung wird für den Herbst 2007 vorbereitet. Der Vermarktungszyklus erstreckt sich über etwa fünf bis sechs Jahre. Die Titel Mein Pferdehof und Mein Pferdehof 2 wurden seit dem Jahr 2003 zusammen und international bisher etwa 500 000 Mal verkauft. In der Online-Community zu Mein Pferdehof 2 sind zurzeit (Juli 2007) etwa 6 000 aktive User registriert.

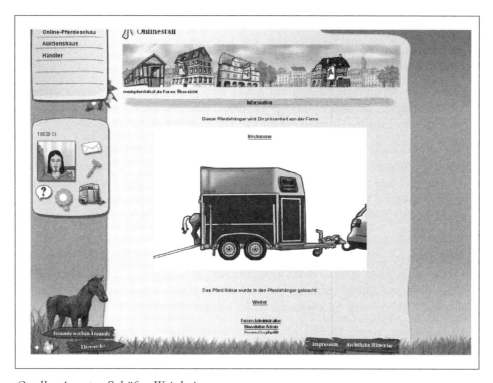

Quelle: Agentur Schäfer, Weinheim
Abbildung 21: *Screenshot aus Mein Pferdehof 2 mit Integration eines original*
Böckmann-Pferdeanhängers als Nachzeichnung

7.6   Ski Challenge 07 – DIGA mit crossmedialer Vermarktung

Wer hätte erwartet, dass sich ein Computerspiel einmal zum größten Skirennen der Welt entwickeln würde? Die Verantwortlichen des österreichischen Game-Entwicklers und -Publishers *Greentube* haben sicherlich diese Hoffnung gehegt, als sie mit dem ORF als Medienpartner die Ski Challenge 06 entwickelten und damit ein weltweites virtuelles Skirennen anzettelten. Dass aber der Nachfolger Ski Challenge 07 sich als Paradebeispiel für In-Game Advertising entwickelt, lässt nahezu jeden in der Publisher- und Vermarkterszene aufhorchen.

Die Ski Challenge ist ein clientbasiertes Online-Game, zu dem sich der Gamer kostenlos anmelden und nach Installation der Software sofort am Spielspaß erfreuen kann. Trainiert und in Wettkämpfen Ski gefahren wird auf verschiedenen original nachgebauten Pisten. Die Gamer-Zahlen und Impressions beeindrucken besonders aufgrund der relativ einfachen Spieleumsetzung:

- Teilnehmer aus 45 Ländern,

- Etwa 3 Millionen Downloads und 3 bis 3,5 Millionen Gamer weltweit,

- 230 Millionen gefahrene Online-Rennen,

- 5 lizenzierte Länder,

- 13 Milliarden generierte AdImpressions,

- 2,1 Millionen generierte Stunden Ad-Viewtime.

Die Tabelle 9 zeigt Daten zur Zielgruppe der Ski Challenge 07, die zu etwa 75 bis 80 Prozent männlich ist.

Altersgruppe	Prozentanteil an Ski-Challenge-Spielern
17 bis 23 Jahre	Ca. 25 %
23 bis 30 Jahre	Ca. 22 %
30 bis 40 Jahre	Ca. 21 %
40 bis 60 Jahre	Ca. 17 %

Quelle: Greentube
Tabelle 9: *Altersverteilung der Ski Challenge 07 Spieler*

Die crossmediale Vernetzung des Games ist sicherlich neben anderen Faktoren ein wichtiges Erfolgskriterium:

- Partnerschaften mit neun großen Medienhäusern (ORF, SF, Pro7, Sat. 1, Kabel 1, NRK, SVT u.a.),

- Massentauglichkeit des Games,

- Kostenlos spielbar,

- Digitale Distribution,

- Schnell und einfach zu erlernen, absolut gewaltfrei, hoher Unterhaltungswert.

Greentube bietet über eine eigene Technologie des dynamischen In-Game Advertising die Einblendung verschiedener Werbeinszenierungen in der Ski Challenge an. Zusätzlich gibt es Platzierungsmöglichkeiten für statisches In-Game Advertising. Zu

den Werbeplätzen gehören Bandenwerbung, Billboards, Branding der Sportbekleidung, Flächen auf Heißluftballonen, Anzeige der Renndaten (Geschwindigkeit und
Zeit) u.a. Zu den wichtigen Werbepartnern der Ski Challenge 07 gehörten Unternehmen wie Siemens, Audi, Quelle, Red Bull, reise.com, myVideo, swisscom, Uni-
qua oder die BNbank.

Quelle: Greentube AG
Abbildung 22: *Screenshots aus Ski Challenge 2007*

Nach Angaben von Dr. Eberhard Dürrschmid, CEO der Greentube AG, ähnelt die
DIGA-Technologie der aus dem Onlinebereich bekannten AdServer-Technologie, ist
durch die permanente Bewegung im Spiel jedoch wesentlich komplexer. Diese
Technologie wird laut Dr. Dürrschmid ständig weiterentwickelt, um die technologi-
sche Führungsposition in diesem Bereich zu behalten und auszubauen. Die Zusammenarbeit zwischen der Greentube AG und Werbekunden beschränkt sich in der
Regel nicht auf das In-Game Advertising, sondern geht über die Einbindung in
Newslettern und Offline Promotions bis hin zu Neuentwicklungen von Adgames
weit darüber hinaus.

7.7   DIGA und SIGA bei Atari

Atari hat insbesondere mit zwei reichweitenstarken Games umfangreiche Erfahrungen im Bereich SIGA und DIGA gesammelt. Das Game *Tycoon New York City* ist eine Wirtschaftssimulation, die vom Game-Studio Deep Red Games erstellt wurde. Der Gamer lenkt und leitet die Geschicke einer der bekanntesten Metropolen. Durch geschicktes Taktieren kann der Gamer zum Tycoon und Wirtschaftsmogul der Stadt New York aufsteigen. Deep Red Games haben sich bereits mit anderen Wirtschaftssimulationen wie Monopoly Tycoon und Risiko einen Namen gemacht.

Unterschiedliche Branchen und Marken wurden als statisches In-Game Advertising in das Game integriert. Zu den Marken gehören Lacoste, DHL, NBA, Nokia, Bang&Olufsen, Toys´R´Us, TagHeuer, Staples und Hertz. Die Integration von Marken in Tycoon New York City ist ein gutes Beispiel für In-Game Advertising, das einen nicht nur wichtigen, sondern auch notwendigen Bestandteil des Games darstellt. Schließlich lebt das Game von der Atmosphäre der Großstadt mit allen optischen Eindrücken – einschließlich präsenter Werbebotschaften.

Quelle: Atari Deutschland
Abbildung 23: *Szene aus Tycoon New York City mit statischem In-Game Advertising*

Das Atari-Game *Test Drive Unlimited* hat über mehrere Wochen die Spielecharts mitbestimmt. Der Gamer kann sich sein ausgewähltes Fahrzeug auf höchstem Niveau tunen und dann Online-Rennen auf über 1 500 Kilometer exotischen und schnellen hawaiianischen Straßen fahren. Das Game wird auch als Rennfahr-Lifestyle bezeichnet. Erstellt wurde Test Drive Unlimited von der Atari-Tochter Eden Games mit Sitz in Lyon/Frankreich.

Als feste Gameelemente sind 125 exklusive Automobile und Motorräder in das Game integriert. Weitere Marken im Bereich statisches In-Game Advertising sind Ben Sherman und Ecko Unlimited als Bekleidungsausstatter für die Avatare. Über dynamisches In-Game Advertising sind weiterhin die Marken Sixt und Joop vertreten. Für beide Games waren bei Redaktionsschluss dieses Buches leider noch keine Daten und Zahlen erhältlich. Sobald diese zur Verfügung stehen, werden wir auf www.in-game-advertising.de entsprechendes Material veröffentlichen.

Quelle: Atari Deutschland
Abbildung 24: *Test Drive Unlimited von Atari mit Joop und Sixt als DIGA-integrierte Marken*

7.8   In-Game Advertising mit Volkswagen

Die Marke Volkswagen ist bereits seit vielen Jahren Partner von verschiedenen Game-Publishern. Für Cornelia Lenz, Leitung Games und Entertainment bei der Volkswagen AG, ist Entertainment ein vertriebsunterstützendes Marketing-Tool. Das Engagement von VW im Bereich Games ist sehr vielschichtig und zieht sich durch unterschiedliche Games und Genres. Nach Ansicht von Frau Lenz gehört das Spielen heute zu den alltäglichen Erscheinungen, und es charakterisiert die moderne

Gesellschaft. Dabei haben die neuen Medien das Spiel in alle Bereiche des gesell-
schaftlichen Lebens getragen. Dieser Trend sollte nach Ansicht von Cornelia Lenz
genutzt werden, um Wachstumspotenziale für den Vertrieb und das Marketing zu
nutzen.

Das Volkswagen Kinder-Marketing in Verbindung mit Games entstand bereits 1996
mit der *AutoLernWerkStadt*. Adgames und Tools für die Kreation des eigenen Autos
sollen die Marke bei Kindern bekannt machen. 2004 entstanden daraus die Initiati-
ven *Volkswagen Kinderleicht* und *Volkswagen Startklar.* Zur Initiative Volkswagen
Kinderleicht gehören neben verschiedenen Games auch eine Werkstour, Verkehrs-
erziehung u.a. Die Initiative Startklar richtet sich insbesondere an Jugendliche und
Fahrschüler und ist sowohl im Internet als auch in der Offline-Welt präsent. In der
VW-Konzernrepräsentanz im Sony-Center Berlin können Fahrschüler und solche,
die es werden wollen, in Simulationen ihre Fahrpraxis ausbauen und an Computer-
terminals für die theoretische Prüfung lernen. Dazu gibt es verschiedene Adgames,
die auch von zu Hause aus im Internet gespielt werden können.

Um hohe Reichweiten in den Kommunikationsmaßnahmen zu erzielen und gleichzeitig hohe Sympathiewerte zu erreichen, werden VW-Modelle seit vielen Jahren in
verkaufsstarken Racing-Games integriert. Für Cornelia Lenz bieten diese Computer-
und Konsolengames viele Vorteile:

- Aufbau von Markenloyalität bei jungen Kunden,

- direkte Online-Kommunikation und Dialogaufnahme,

- dynamische Integration von Werbebotschaften gemäß Mediaplanung,

- höchste Beschäftigungsdauer mit dem Produkt.

Quelle: Volkswagen AG
Abbildung 25: *Echte Nachbauten getunter Modelle aus dem Game Need for Speed*

Ein besonderes Beispiel für statisches In-Game Advertising in Verbindung mit Off-
line-Promotions ist dabei die Zusammenarbeit von VW mit dem Game-Klassiker
Need for Speed von *Electronic Arts*. Die Integration von VW-Modellen in dem Game
erfolgt wie auch bei Modellen anderer Automobilhersteller: Der Gamer kann sich

sein Lieblingsmodell aussuchen und damit die virtuellen Rennen fahren. Die getunten Modelle werden nun gemeinsam von VW und EA in die Offline-Welt übertragen. Auf Messen und Events treten die Modelle mittlerweile weltweit an neun bis zehn Tagen pro Monat auf.

Das Game *World Racing 2* vom Game-Publisher *TDK* steht ganz im Zeichen von Volkswagen. War die erste Version von World Racing noch komplett mit unterschiedlichen Mercedes-Modellen bestückt, hat VW in der zweiten Version die Stuttgarter Autobauer abgelöst. GTI Racing ist das erste Game, das ausschließlich mit Volkswagen-Produkten ausgestattet wurde. Hierzu gibt es exklusive Playseats für Messen, Events und Händleraktionen. Die Promotion erfolgte u. a. über die Internetseite www.volkswagen.de/startklar. Bei den verschiedenen Racing-Titeln mit Volkswagen als Partner wurde die Marke auf unterschiedliche Art und Weise integriert. Zu den wichtigsten Implementierungen gehören:

■ Integration in den zentralen Gamesbereichen, z. B. als Product Placement,

■ Teil der Spielszenerie, Showrooms,

■ Produkte und Logos auf dem Spielecover.

Begleitende Promotionmaßnahmen waren bisher vor allem die Platzierung von Produkten und Verlinkungen in Online-Gameportalen sowie Werbemaßnahmen in Print, TV und Kino.

Ein interessantes Adgame von Volkswagen wurde anlässlich der Produktion des 100-millionsten Volkswagens mit dem Namen *100 Million Mission* kreiert. Dieses wurde international gelaunched und mit Unterstützung der VW-Importeure beworben. Das Online-Game bot dem User die Möglichkeit, die Produktion eines Volkswagens spielerisch zu durchlaufen und dabei unterschiedliche Fähigkeiten unter Beweis zu stellen. Zu gewinnen gab es einen Golf im Wert von 20 000 Euro.

Quelle: Volkswagen AG
Abbildung 26: *Screenshot aus dem Online-Adgame 100 Million Mission*

Diese Art von Online-Game erfüllt nicht nur die Aufgabe einer Markenbindung mit Responsemessung, sondern gibt zudem Aufschluss über die Vorlieben der Benutzer bei der Gestaltung der Fahrzeuge. Für Autobauer sind die kreativen Inputs von Seiten der User sicherlich nicht uninteressant.

Die Zukunft des In-Game Advertising

Zum Abschluss des Buches lassen wir noch einmal die Protagonisten der noch jungen In-Game-Advertising-Szene zu Wort kommen. Die Zahl derjenigen, die sich mit dem Thema intensiv beschäftigen, ist noch sehr klein. Hierzu gehören vor allem die Anbieter von Werbeflächen in Computerspielen sowie die Game-Publisher. Auch wenn die Einschätzungen sicher immer auch ein Interesse an der positiven Entwicklung des Marktes beinhalten, so ist doch die Sicht der Vermarkter und Game-Publisher auf qualitative Aspekte der Entwicklung durchaus interessant.

Da ist zunächst die Frage, nach welchen Maßstäben und Kriterien der Erfolg einer Kampagne zu beurteilen ist. Für IGA Worldwide Business Developer André Sonder ist dies vor allem die Relevanz des Produktes für die Zielgruppe des jeweiligen Spiele-Genres. Sinnvoll sei dabei eine Belegung aller Spiele, die über attraktive Werbeformate eine hohe Nettoreichweite in der Zielgruppe ansprechen. Der Kampagnenerfolg wird hierbei also anhand der Kontakte und Netto-Reichweite quantitativ gemessen, während eine qualitative Messung mittels Panel-Befragungen oder Foren-Scanning erfolgt. Ähnlich sieht dies David Miller von Double Fusion, der in Werbung in Computerspielen die Vereinigung der Branding Power des Fernsehens mit der Abrechnungspräzision des Internets sieht. Für Jogo-Media Geschäftsführer Dino Bongartz ist es vor allem wichtig, dass die Marke und das Produkt glaubwürdig in Szene gesetzt werden, damit kein negativer Effekt entsteht. Voraussetzung hierfür ist allerdings, eine genaue Vorstellung von den Bedürfnissen des Werbekunden zu bekommen und diese im ständigen Dialog umzusetzen.

Für die praktische Umsetzung von In-Game Advertising ist auch die Frage relevant, wer denn nun eine solche Kampagne planen oder initiieren sollte: der klassische Mediaplaner oder der Online-Planer? Wird In-Game Advertising also eher den Online-Medien zugeordnet oder den klassischen elektronischen Medien. André Sonder von IGA Worldwide geht davon aus, dass sich Spezialisten für digitale Above-the-Line-Mediaplanung um diese neue Gattung kümmern werden. Allerdings ist diese Spezies bislang noch eher rar, orientieren sich doch die Onliner stark an den Response- und weniger an den Branding-Leistungswerten in der Mediaplanung. David Miller von Double Fusion meint ebenfalls, dass sich die Planer für die digitalen Medien in den Agenturen zunächst des Themas annehmen, beobachten aber in letzter Zeit, dass immer mehr Marketingleiter sich direkt für dieses Medium interessieren. Der Jogo-Media-Geschäftsführer betont dagegen die Vielschichtigkeit der Planungsaufgaben: „Da In-Game Advertising aus mehreren Facetten besteht – Dynamisches Advertising, Product Placement oder Plot Integration – und auf unterschiedlichen Plattformen wie PC, Mobile, Handheld oder Konsole stattfindet, wird es mehrere Schnittstellen zu Agenturen und Kunden geben. Viele Agenturen haben auch bereits zusätzliche Units eingerichtet, um das Thema inhouse zu koordinieren."

Weiter haben wir gefragt, wie wichtig In-Game Advertising als Einnahmequelle für die Spieleanbieter werden kann. Für André Sonder von IGA Worldwide dienen Werbeerlöse nur zur Co-Finanzierung der hohen Entwicklungskosten für Spiele. David Miller von Double Fusion glaubt, dass bis zu 50 Prozent der Gesamteinnahmen für bestimmte Spiele aus Werbung erwirtschaftet werden können. Spiele mit geringeren Entwicklungskosten wie Casual-Games können sogar komplett über Werbung als einziges Geschäftsmodell refinanziert werden. Dino Bongartz von Jogo Media rechnet mit stetig weiter steigenden Kosten für die Spiele-Entwicklung, insbesondere bei den Next-Gen Konsolen wie der XBOX 360. „Es wird den Publishern helfen, bei der Kalkulation und Umsetzung der Finanzierung größere Summen zu realisieren, damit Spiele in Zukunft noch hochwertiger produziert werden können. Wir denken, dass es für die Höhe der Werbeerlöse keine Grenze gibt, solange im Game das verträgliche und sinnvolle Maß an Werbung nicht überschritten wird." Eine präzise Prognose der Relation zwischen Vertriebs- und Werbeerlösen ist auch aus Sicht des Game-Publishers Atari noch gewagt: „Den Split zwischen Vertriebs- und Werbeerlösen in fünf Jahren zu prognostizieren ist komplex und wird durch eine Vielzahl an Parametern beeinflusst. Als sicher scheint es jedoch unter den Experten zu gelten, dass bei AAA Titeln und Topsellern In-Game Advertising eine signifikante Größenordnung im Hinblick auf den Return on Investment darstellen kann." So Atari-Deutschland Geschäftsführer Lutz Anderie.

Hinsichtlich der Branchen mit dem höchsten Potenzial für In-Game Advertising herrscht weitgehend Einigkeit: Dino Bongartz von Jogo Media sieht bislang verstärkt Kunden aus den Bereichen Consumer Electronics, Automobile, Medien und Nahrungsmittel aktiv, erwartet aber eine Ausdehnung auf weitere Branchen in den nächsten Monaten. Auch André Sonder sieht vor allem die Branchen FMCG, Entertainment und Automobil als Treiber der Entwicklung. David Miller nennt als wichtigste Branchen Mobiltelefonie, Bekleidung, Nahrungsmittel und Getränke, FMCG und Entertainment. Aber gibt es auch Branchen, die aus Sicht eines Game-Publishers wie Atari als Werbetreibende ausgeschlossen würden? Lutz Anderie formuliert seine Meinung zu den Grenzen so: „Auf Grund der Vielfalt von Computer- und Videospielen gibt es theoretisch keine Einschränkungen die einzubindende Branche oder Marke betreffend. Praktisch versucht man natürlich einen möglichst positiven Eindruck bei den Konsumenten zu hinterlassen. Das eigene Produkt und der angedachte In-Game Advertisement Partner sollten also zum einen zusammenpassen, wie zum Beispiel Joop, Audi, VW und Sixt in Test Drive Unlimited, und zum anderen nicht geschmacklose oder moralisch verwerfliche Inhalte bewerben – nur so lässt sich ein Verlust an Glaubwürdigkeit und Ansehen vermeiden."

Abschließend haben wir die Vermarkter und Game-Publisher nach der Rolle des In-Game Advertising in fünf Jahren befragt. Wegweisend sieht der Brite David Miller von Double Fusion hier die Initiative von Daimler Chrysler, die in diesem Jahr 10 Prozent ihres Mediabudgets für Werbung in Computerspielen reserviert haben, mit dem Ziel, die Awareness für die Marke in einem jüngeren, männlichen Publikum zu stärken. Für die Zukunft aller großen oder auch kleinen Marken mit männlichen Zielgruppen im Alter von 15 bis 34 Jahren sei In-Game Advertising alternativlos, da es ein unfragmentiertes und hochkonzentriertes Umfeld bietet.

Lutz Anderie von Atari sieht Vorteile für alle Beteiligten durch die Etablierung von Werbung in Computerspielen: „In-Game Advertisement kann andere Medien innovativ und sinnvoll ergänzen. Zudem bietet In-Game Advertisement in Spielen eine Win-Win-Situation: Der Spielehersteller steigert das Spielerlebnis durch höheren Realismus und der Werbende erreicht einen positiven Imagetransfer vom Spiel auf die Marke, wenn eine hohe Affinität zwischen Spielinhalt und Marke vorliegt. Das Ziel hierbei muss eine Vermeidung von Reaktanzen bei sinnvoller und unauffälliger Integration in den Spielablauf sein. Zusätzlich kann die Marke außerhalb traditioneller Werbefelder in einer bestimmten Lifestyleumgebung präsentiert werden. Ein weiterer Vorteil von Product Placement in Games ist die häufige Kontaktmöglichkeit mit dem Konsumenten aufgrund langer Spieldauer. Natürlich bieten sich über In-Game Advertisement hinaus auch zahlreiche Möglichkeiten der Kooperation mit Markenartiklern. Das fängt bei einfachen Verlinkungen der jeweiligen Online-Präsenzen an, geht über gegenseitige Unterstützung bei Veranstaltungen bis hin zu strategischen Partnerschaften, die die jeweiligen Marken auch langfristig miteinander verbinden. Alle Partner profitieren dabei von den Stärken der jeweils anderen Marke und versuchen dadurch ihre eigene Reputation in der Öffentlichkeit zu stärken und den eigenen Bekanntheitsgrad als starker Marktteilnehmer zu forcieren."

Laut André Sonder von IGA Worldwide wird In-Game Advertising in fünf Jahren das führende digitale Above-the-Line-Medium zur Emotionalisierung von Marken sein. Dino Bongartz von Jogo-Media betont dagegen das Missverhältnis zwischen Mediennutzung und Werbeinvestitionen: „Spiele sind bereits heute ein sehr wichtiges und starkes Medium, die tägliche Nutzung liegt über dem Anteil der Tageszeitungen und Magazine. Es wird im Mediamix allerdings noch nicht ausreichend genutzt, aber dieses Gefälle gab es vor einigen Jahren auch im Online-Marketing und dies hat sich inzwischen eingependelt. Wir gehen davon aus, dass diese Entwicklung beim In-Game Advertising noch schneller voranschreiten wird und die Werbeausgaben in fünf Jahren auch im tatsächlichen Bereich der Nutzung des Mediums liegen werden."

Am Ende unseres Ausblicks auf die Zukunft möchten wir noch einmal aus unserer Umfrage unter den 105 befragten Experten zitieren, unter ihnen Marketingentscheider und Mediaplaner aus den unterschiedlichsten Branchen. Auf unsere Frage zur grundsätzlichen Bereitschaft sowie zum Zeithorizont eines Einsatzes von In-Game Advertising äußerte sich ein Großteil der befragten Experten sehr aufgeschlossen für dieses Thema. Immerhin 27 Prozent der Befragten haben schon Erfahrungen in diesem Bereich gesammelt (was sicher auch mit einer höheren Antwortbereitschaft auf die Befragung zu tun hat).

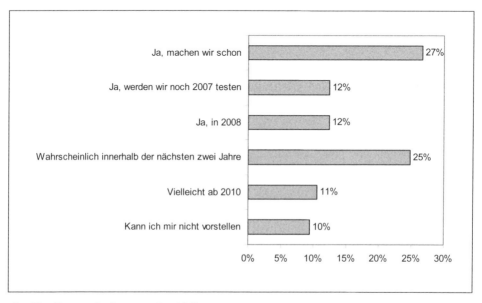

Quelle: Eigene Befragung (n=105)
Abbildung 27: *Zeithorizont und Bereitschaft einer Realisierung von In-Game Advertising*

Ein knappes weiteres Viertel der Befragten äußert die klare Absicht, in diesem oder dem kommenden Jahr In-Game Advertising zu realisieren. Das dritte Viertel der Befragten geht von einer wahrscheinlichen Umsetzung innerhalb der nächsten zwei Jahre aus. Lediglich ein Fünftel der Befragten äußern sich skeptisch, können sich Werbung in Computerspielen überhaupt nicht vorstellen oder sehen erst auf längere Sicht eine Absicht zur Realisierung.

Marktübersicht

Die folgenden Tabellen sollen dem Leser in übersichtlicher Form einen Vergleich der Angebote der wichtigsten Player im Markt für In-Game Advertising ermöglichen. Die Tabellen beruhen auf den Selbstauskünften dieser Vermarkter und wurden im Juli 2007 über einen standardisierten Fragebogen erhoben.

Anbieter	JOGO Media	Massive Inc.
Konzernzugehörigkeit	eValue AG (Thomas Falk)	Microsoft
Anzahl der kooperierenden Publisher	7	Mehr als 40
Nennung der wichtigsten Publisher	10Tacle Studios AG, TGC – The Games Company, etc.	k. A.
Wichtige Referenzprojekte/-kunden	BMW M3 Challenge, etc.	k. A.
Anzahl belegbarer Titel	10	Über 100 bis Ende 2007
Liste der fünf wichtigsten Titel	k. A.	k. A.
Gesamtreichweite an Unique Usern und Impressions/Kontakten	Reichweitenzahlen werden veröffentlicht 01/2008	4,5 Mio. Spieleeinheiten
Welche Planungsdaten liegen vor?	k. A.	Ad Impressions, Zielgruppenbeschreibungen
Basisdemographie (Geschlecht, Alter, Haushaltsgröße)	Alter, Geschlecht, Einkommen, Bildung	Zu USA erhältlich, für Europa in Bearbeitung
Ausbildung, Beruf, Einkommen	ja	Zu USA erhältlich, für Europa in Bearbeitung
Produktinteressen und Produktbesitz	ja	Zu USA erhältlich, für Europa in Bearbeitung
Verteilung der Spieler auf Regionen, Bundesländer, Nielsen-Gebiete, Ortsgrößen	Diverse Regio Targeting Optionen	Zu USA erhältlich, für Europa in Bearbeitung
Technische Plattform: PC vs. Konsole	PC, Konsole, Mobile,	60/40

Tabelle 10: *Vermarkter von In-Game Advertising, Teil I*

Anbieter	Double Fusion	IGA Worldwide (IGAWW)
Konzernzugehörigkeit	Venture Capital finanziert, u.a. durch Accel Partners, JVP Studios and NorWest	Unabhängig, Easton Capital Group, Intel Capital, Morgenthaler Ventures und DN Capital
Anzahl der kooperierenden Publisher	k. A.	k. A.
Nennung der wichtigsten Publisher	Eidos, Ubisoft, THQ, Rockstar, Midway, 2K	Electronic Arts, Atari, Acclaim, Codemasters und Valve
Wichtige Referenzprojekte/ -kunden	k. A.	Ben Sherman Integration in „Test Drive Unlimited" von Atari
Anzahl belegbarer Titel	Annähernd 100 Titel im Netzwerk	50
Liste der fünf wichtigsten Titel	Führende Titel in den Genres Sport, Racing, Action und Casual-Games	Battlefield 2142, Counterstrike 1.6, Test Drive Unlimited, Colin McRae:DIRT und Trackmania Nations
Gesamtreichweite an Unique Usern und Impressions/Kontakten	Über 4 Millliarden Impressions bis Ende 2007	10 Millionen Konsumenten, 200 Millionen Impressions
Welche Planungsdaten liegen vor?	k. A.	Planungsdaten vom Publisher zum Spieletitel
Basisdemographie (Geschlecht, Alter, Haushaltsgröße)	Typischerweise Männer im Alter von 15 bis 34 Jahren	ja
Ausbildung, Beruf, Einkommen	ABC1	nein
Produktinteressen und Produktbesitz	Anyone playing or interested in games	nein
Verteilung der Spieler auf Regionen, Bundesländer, Nielsen-Gebiete, Ortsgrößen	Global	ja
Technische Plattform: PC vs. Konsole	alle	PC, Konsole

Tabelle 11: *Vermarkter von In-Game Advertising, Teil II*

Eine ausführliche Version dieser Marktübersicht finden Sie auf www.in-game-advertising.de.

Glossar der wichtigsten Begriffe

Adgame oder Advergame: Werbespiel, das im Auftrag eines Werbekunden erstellt wurde und ein Branding des Werbekunden beinhaltet

Advertainment: Transport einer werblichen Botschaft über ein Unterhaltungsmedium, z. B. in der Form von Product Placement in Filmen und TV-Serien, Viral-Marketing-Spots oder Adgames

Adserver: Computersystem zur Auslieferung von Werbung in Online-Medien

ag.ma: Arbeitsgemeinschaft Mediaforschung, Verein mit Sitz in Frankfurt am Main, dem Werbungtreibende, Agenturen und verschiedene Medien angehören, die Interesse an der Analyse des Mediennutzungsverhaltens von verschiedenen Zielgruppen haben

AGOF: die Arbeitsgemeinschaft Online-Forschung ist ein Verein, der regelmäßige Studien zur Nutzung von Online-Angeboten durchführt.

Avatar: künstliche Person oder ein grafischer Stellvertreter einer echten Person in der virtuellen Welt, beispielsweise in einem Computerspiel oder in einem Metaversum

BIU: Der Bundesverband Interaktive Unterhaltungssoftware (BIU) e.V. ist die Interessengemeinschaft der Anbieter und Produzenten von Unterhaltungssoftware in Deutschland. Derzeit haben sich 12 Game-Publisher in diesem Verband organisiert, darunter die marktführenden Unternehmen wie Electronic Arts, Sony, Nintendo, Atari und Microsoft.

Clan: Zusammenschluss von Computer- und Videospielern zu einer Gemeinschaft, die bei Wettkämpfen als solche gegen Vertreter anderer Clans antritt

Cookies: kleine Dateien, die in einem Internet-Browser gespeichert werden und über die Nutzer über einen definierten Zeitraum wieder identifiziert werden können

CPM (Cost per Milli): englisches Äquivalent zum deutschen Tausenderkontaktpreis (TKP)

Dynamisches In-Game Advertising (DIGA): Möglichkeit, über Adserver Werbemittel in Computer- und Videospiele einzubinden

DSL (Digital Subscriber Line): in Deutschland gängigste Technologie für breitbandige, digitale Internetverbindungen

Ego-Shooter: umstrittene Games-Variante, in der der Spieler aus einer subjektiven Perspektive mit einer Schusswaffe auf andere Avatare oder Monster schießt

Frequency Capping: Kontaktmengenbegrenzung in der Online-Werbung pro Nutzer für einen definierten Zeitraum

Gameplay: das Spielen, die Spielhandhabung aber auch die Spielidee eines Computer- und Videospiels.

G.A.M.E: Verband der Entwicklungsstudios für Computer- und Videospiele in Deutschland

Games: in der Branche üblicher Sammelbegriff für Computer- und Videospiele

Games Convention: seit 2002 jährlich in Leipzig stattfindende Messe für interaktive Unterhaltung, Infotainment, Hardware und Entertainment sowie Computer- und Videospiele

GVU: die Gesellschaft zur Verfolgung von Urheberrechtsverletzungen e.V. bekämpft vor allem Raubkopien im Auftrag der Filmbranche sowie der Game-Publisher

Impression: nachweisbarer Werbemittelkontakt, Begriff aus der Online-Welt

In-Game Advertising: Platzierung von werblichen Botschaften in oder über Computer- und Videospiele

IP-Targeting: gezielte Auslieferung von Werbung im Internet an Nutzer, die sich über einen bestimmten Einwahlknoten eingewählt haben und so zu einer bestimmten Region zugeordnet werden

Jump and Run: Gattung von Computer- und Videospiele, in denen eine Figur definierte Parcours per Laufen und Springen etc. bewältigt

Kontakt: Zusammentreffen von Mediennutzer und Werbemittel, oft auch nur die Möglichkeit oder Wahrscheinlichkeit eines Kontaktes

LAN-Party: Zusammentreffen von Spielern zum gemeinsamen Computerspielen, die über ein Local Area Network (LAN) miteinander vernetzt sind. Die Teilnehmerzahl reicht von drei bis mehreren tausend Spielern.

Metaversum: virtuelle digitale Welt, in der sich Online-Nutzer mit ihren selbst geschaffenen Figuren, den Avataren, bewegen. Der Begriff geht auf den Science-Fiction-Roman „Snow Crash" von Neal Stephenson aus dem Jahr 1992 zurück. Bekannteste Umsetzung eines Metaversum ist die Plattform „Second Life".

MMOG: Massive Multiplayer Online Games, eine virtuelle Welt, in der simultan tausende von Spielern gleichzeitig spielen können

MMORPG: Ein Massively Multiplayer Online Role-Playing Game (MMORPG) (wörtlich: Massen-Mehrspieler-Online-Rollenspiel) ist ein Computer-Rollenspiel-genre, bei dem gleichzeitig mehrere tausend Spieler in einer dauerhaft bestehenden virtuellen Welt interagieren. Das derzeit beliebteste Angebot ist „World of Warcraft", welches Anfang 2007 die Marke von 8 Millionen registrierter Nutzer überschritt.

Multiplayer: Mehrspieler-Modus eines Computerspiels, bei dem mehrere Spieler meist simultan gegeneinander antreten, sei es an der gleichen Hardware, in einem lokalen Netzwerk oder über das Internet

Publisher: Verlag für Computer- und Videospiele und damit zuständig für Marketing und Vertrieb der Spiele

Spielekonsole: spezielles Hardwaresystem zum Spielen von Games, welches meist an einen Fernseher als Monitor angeschlossen wird. Wichtige Systeme sind derzeit die Playstation (PS2, PS3) von Sony, XBOX und XBOX 360 von Microsoft sowie die Wii von Nintendo. Neuere Spielekonsolen ermöglichen mit Online-Anschluss und optischen Laufwerken auch weitere Nutzungsmöglichkeiten als Videoplayer oder Internet-Client.

Statisches In-Game Advertising (SIGA): Feste und nicht austauschbare Platzierung von Werbemitteln in ein Computer- oder Videospiel

Studio: Unternehmen, das Computer- und Videospiele entwickelt

TKP: Tausenderkontaktpreis, der rechnerische oder effektive Preis für die Werbe-schaltung zur Erzielung von 1 000 Kontakten

Weiterführende Links

8 Bit, Computerspielemuseum in Berlin (http://www.8bit-museum.de)

Arbeitsgemeinschaft Media-Analyse e.V. (http://www.agma-mmc.de)

Bundesprüfstelle für jugendgefährdende Medien (http://www.bundespruefstelle.de)

Bundesverband interaktive Unterhaltungssoftware in Deutschland
(http://www.biu-online.de)

comScore, internationaler Informationsprovider (http://www.comscore.com)

DFC Intelligence, Marktdaten zu Games (http://www.dfcint.com)

Double Fusion (http://www.doublefusion.com)

Entertainment Software Association (ESA) (http://www.theesa.com)

Gesellschaft zur Verfolgung von Urheberrechtsverletzungen e.V.
(http://www.gvu.de/25_38_Pressemitteilung_vom_16_08_2004_gemeinsame_
Pressemitteilung_VUD_GVU.htm)

IBM Studie Konvergenz oder Divergenz
(http://www-935.ibm.com/services/de/bcs/html/konvergenz_divergenz.html)

IGA Worldwide (http://www.igaworldwide.com)

Institut für Marktforschung NPD Group (http://www.npd.com)

Institut für Marktforschung Bunnyfoot, speziell Werbewirkungsforschung
(http://www.bunnyfoot.com/articles/gameadvertising.htm)

Institut für Medien, München, Wirkung von Computerspielen
(http://www.jff.de/index.php?BEITRAG_ID=2023)

Jogo Media (http://www.jogomedia.com)

Massive Inc. (http://www.massiveincorporated.com)

Medienpädagogischer Forschungsverband Südwest (http://www.mpfs.de)

Private Website mit kontroversen Meinungen zu Games
(http://www.antigames.de/2006/12/22/erkenntnis-des-tages)

Typologie der Wünsche (http://www.tdwi.de)

Literaturverzeichnis

BELL, M., Ladenschluss in Second Life, in: Werben & Verkaufen 23/2007, Seite 52, München 2007.

BOKOWSKY + LAYMANN GMBH, Marketing in Computer-Mediated Environments, Präsentation „Second Life als innovatives Instrument in der Marketingkommunikation. Fakten, Chancen und Strategien".

BUNDESVERBAND INTERAKTIVE UNTERHALTUNGSSOFTWARE E.V. (BIU), Marktzahlen 2006, PC-Spiele, Videospiele, Januar – Dezember 2006, Berlin 2007.

BURDA COMMUNITY NETWORK, Markt-Media-Studie „Typologie der Wünsche 2006", Offenburg 2006.

ELECTRONIC ARTS, Jung von Matt, GEE, Spielplatz Deutschland, 2006.

GERDES, M., Der deutsche PC- und Konsolenspiele-Markt, Pressekonferenz BIT-COM Bundesverband Informationswirtschaft, Telekommunikation und neue Medien e.V., Berlin 2007.

HÜBNER, T., Rechtliche Regeln in Onlinespielen, Saarbrücken 2007.

IBM DEUTSCHLAND GMBH (HRSG.), Konvergenz oder Divergenz? Erwartungen und Präferenzen der Konsumenten an die Telekommunikations- und Medienangebote von morgen, Stuttgart 2006.

LORBER, M., comScore: In-Game Werbung wird immer beliebter, in: Pressetext Austria vom 28.09.2006.

LORBER, M., Freizeitgestaltung und interaktive Unterhaltung in Deutschland, Frankreich und Großbritannien, EA-Studien Band 2, Köln 2006.

Medienpädagogischer Forschungsverbund Südwest (mpfs), JIM-Studie 2006, Stuttgart 2007.

Medienpädagogischer Forschungsverbund Südwest (mpfs), KIM-Studie 2006, Stuttgart 2007.

MICHEL, U. DR., Neues aus Recht und Marketing – In-Game Advertising, in: Newsletter der Nürnberger Akademie für Absatzwirtschaft, Ausgabe 04, Mai 2007.

MÜLLER-LITZKOW, J. et al., Gegenwart und Zukunft der Computer- und Videospieleindustrie in Deutschland, Dornach 2006.

NUGG.AD AG, Die Zukunft der Werbung jetzt in Second Life, Pressemitteilung vom 26.04.2007, Berlin.

P4M – DIE INTERNETAGENTEN, Präsentation „Rechtsverletzungen und -durchsetzung in Second Life", München und Frankfurt, Mai/Juni 2007.

RECHTSANWÄLTE SCHWARZ, KELWING, WICKE, WESTPFAHL (www.skwlaw.de) Screenshot – der juristische Newsletter für die Gamesbranche, Ausgabe August 2006.

REITZ, B., Lost in Space, in: Werben & Verkaufen 18/2007, Seite 14, München 2007.

RUNGE, S., In-Game Werbung, Aktuelle Bestandsaufnahmen und Handlungsempfehlungen für einen wachsenden Markt, Diplomarbeit an der Business and Information Technology School, Iserlohn 2006.

SCHMIDT, H., Ansturm auf „World of Warcraft", in: Frankfurter Allgemeine Zeitung vom 22. Januar 2007.

SCHREIER, G., Wie im richtigen Leben, in: Werben & Verkaufen Innovation 01/2007, Seite 28f, München 2007.

SCHROLL, W UND A. NEEF, Was kommt nach Second Life, in: manager-magazin.de vom 09.05.2007.

SEVENONE MEDIA GMBH, Time-Budget 12, Unterföhring 2005.

TNS INFRATEST UND INITIATIVE D21, (N)onliner-Atlas 2007, Bielefeld 2007.

WATERS, D., Sony unveils its new 3D universe, in: BBC News, 08.03.2007.

Anmerkungen

1 Aus: 30 Fragen zur vorgeschlagenen Förderung von Computerspielen, vorgelegt bei der BKM zur Anhörung am 10. Februar 2005, G.A.M.E. Bundesverband der Entwickler von Computerspielen

2 Meldung von Electronic Arts via www.pressetext.at vom 17. Februar 2007

3 GamesMarkt.de & 360Games.de vom 21. März 2007

4 www.Adweek.com vom 17. April 2006

5 www.ftd.de vom 16. Mai und 21. Juni 2007

6 www.tecchannel.de vom 12. Juli 2007

7 www.spiegel.de vom 19. Februar 2007

8 http://www.uni-hamburg.de/fachbereiche-einrichtungen/medienpsychologie/games_at_ work.html

9 http://www.realnetworks.com/company/press/releases/2006/casgames_research.html

10 Der LARA Award ist ein Preis für Computer- und Videospiele, der jährlich in Deutschland in verschiedenen Kategorien vergeben wird.

11 Kostenpflichtige Spielautomaten in sogenannten Spielhallen

12 Massively Multiplayer Online Role-Playing Game

13 Kultur Spiegel vom 26.05.2007, Artikel „Neue Software"

14 Telefonauskunft André Sonder vom 29.06.2007, New Business Director IGA Worldwide

15 Bokowsky + Laymann GmbH, Marketing in Computer-Mediated Environments, Präsentation „Second Life als innovatives Instrument in der Marketingkommunikation. Fakten, Chancen und Strategien".

16 Aus: Newsletter Media & Marketing (www.mediaundmarketing.de) vom 08.05.2007

17 Häberle, E., Reale Fallstricke, in: W&V 46/2006, Seite 86.

18 Bell, M., Ladenschluss in Second Life, in: W&V 23/2007, Seite 52.

19 Newsletter www.Internetworld.de vom 12.04.2007.

20 Bell, M., Ladenschluss in Second Life, in: W&V 23/2007, Seite 52.

21 Reitz, B., Lost in Space, in: W&V 18/2007, Seite 15.

22 Bell, M., Ladenschluss in Second Life, in: W&V 23/2007, Seite 52.

23 Reitz, B., Lost in Space, in: W&V 18/2007, Seite 14.

24 Reitz, B., Lost in Space, in: W&V 18/2007, Seite 15.

25 Newsletter www.gamesmarkt.de vom 16.04.2007.

26 Lutz Anderie, Präsentation zum Vortrag bei der GfM World in Berlin, 28. März 2007.

27 Kompetenzförderliche Potenziale populärer Computerspiele von Christa Gebel, Michael Gurt und Ulrike Wagner, JFF Institut für Medienpädagogik in Forschung und Praxis, August 2004

28 Unger, F. et al., Mediaplanung, Methodische Grundlagen und praktische Anwendungen, 3. Auflage, Heidelberg 2002, Seite 59 ff.

29 Jung, H./von Matt, J.-R., Momentum, Die Kraft, die Werbung heute braucht, 4. Auflage, Berlin 2004, Seite 98.

Stichwortverzeichnis

Über die Autoren

Wolfgang Thomas (39), Gründer der Hamburger Online-Media-Agentur Netzwerk-Reklame beschäftigt sich bereits seit 1995 beruflich mit interaktiven Medien. Er entwickelte u. a. Kampagnen und Kommunikationskonzepte für Marken wie Panasonic, die Gerry Weber AG und die Web 2.0-Angebote QYPE und Cellity. Zuvor sammelte er u. a. Erfahrungen auf Medienseite im Jahreszeiten Verlag sowie in der Online-Vermarktung bei LYCOS/Bertelsmann. Zudem ist er gefragter Referent zu Mediaplanungs- und Webcontrolling-Themen und aktives Mitglied im BVDW. Als Spezialist für integriertes Direktmarketing im Internet ist er Autor und Herausgeber des Leitfadens „Performance Marketing" (2. Auflage Business Village Verlag 2006).

Wolfgang Thomas, NetzwerkReklame, Thomas Online-Marketing GmbH,
Telemannstraße 56a, 20255 Hamburg, Tel. 040/43 17 956-0,
E-Mail: wolfgang.thomas@netzwerkreklame.de, www.netzwerkreklame.de

Ludger Stammermann (40) ist seit 2003 Geschäftsführer der Stammermann Media Consulting in Cloppenburg. Als Spezialagentur für Werbung in digitalen Medien berät die Agentur Werbekunden und Mediaagenturen zu den Themen In-Game Advertising und Marketingstrategien mit Consumer-Software. Nach seinem Studium der Geografie an der Universität Münster arbeitete Ludger Stammermann als freier Autor und Journalist für geo- und naturwissenschaftliche Themen. Verlagserfahrungen im Bereich digitale Medien sammelte er als Produktmanager bei der DATA BECKER GmbH & Co. KG und als Projektleiter Neue Medien bei den Vereinigten Verlagsanstalten (VVA) in Düsseldorf. Hier war er für den Aufbau und die Vermarktung des Webportals photographie.de verantwortlich. Zurzeit ist er neben der eigenen Agentur geschäftsführend für die Agentur WiSta – integrated advertising – in Oldenburg tätig, die Online-Games für Webportale organisiert.

Ludger Stammermann, Stammermann Media Consulting,
Stapelfelder Kirchstr. 14, 49661 Cloppenburg, Tel. 0 44 71/850 70 30,
E-Mail: ls@stammermann-media.de, www.stammermann-media.de

Website zum Buch: www.in-game-advertising.de

Marketing für erfolgreiche Unternehmen

Rüstzeug für neue Herausforderungen im Marketing

Im Marketing zeichnen sich spannende Herausforderungen ab, die sich nachhaltig auf die Konzepte der Unternehmen auswirken werden – sei es die Entdeckung der Senioren als Kernzielgruppe, das Neuro-Marketing oder die neuen Entwicklungen des Web 2.0. Nur wer sich frühzeitig mit den entsprechenden Erfolgsfaktoren und Lösungskonzepten auseinander gesetzt hat, wird seine Marketing-Strategien und -Instrumente entsprechend ausrichten können. Dafür werden in diesem Buch konkrete Handlungsempfehlungen präsentiert.

Ralf T. Kreutzer
Die neue Macht des Marketing
Wie Sie Ihr Unternehmen mit Emotion, Innovation und Präzision profilieren
2007. ca. 256 S. Mit 40 Abb.
Geb.ca. EUR 39,90
ISBN 978-3-8349-0515-4

Die praktische Gebrauchsanweisung für alle, die neue Produkte einführen

Dieses Buch liefert erstmals eine systematische Gebrauchsanweisung, die den Marketingverantwortlichen Schritt für Schritt zeigt, wie sie die gezielte Suche nach neuen Produktideen, deren thematische Entwicklung und die planvolle Einführung gekonnt organisieren und steuern. Konkrete Beispiele und Checklisten erleichtern die Umsetzung in die eigene Praxis.

Rainer H.G. Großklaus
Neue Produkte einführen
Von der Idee zum Markterfolg
2007. ca. 256 S.
Geb. ca. EUR 42,00
ISBN 978-3-8349-0499-7

Erfolgreiche Positionierung und Vermarktung von Produkten und Dienstleistungen für Best Ager

Hans-Georg Pompe zeigt systematisch und an zahlreichen Unternehmensbeispielen, wie es gelingt, die Zielgruppen 50plus individuell und nachhaltig mit freundlicher Beratung, persönlicher Wertschätzung, Qualität und differenziertem "Made-for-me-Service" zu gewinnen und langfristig zu binden. Er macht zudem deutlich, wie dabei ein Umdenken und vor allem konsequentes Handeln bei Management, Produktentwicklung, Marketing und Vertrieb erfolgen muss.

Hans-Georg Pompe
Marktmacht 50plus
Wie Sie Best Ager als Kunden gewinnen und begeistern
2007. ca. 240 S. Mit 40 Abb.
Geb. ca. EUR 39,00
ISBN 978-3-8349-0565-9

Änderungen vorbehalten. Stand: Juli 2007.
Erhältlich im Buchhandel oder beim Verlag.
Gabler Verlag . Abraham-Lincoln-Str. 46 . 65189 Wiesbaden . www.gabler.de

GABLER